LES GRANDES LIGNES

DU "CONTRAT SOCIAL"

PAR

M. BAELEN

<hr>

PARIS

ANCIENNE LIBRAIRIE POUSSIELGUE

J. DE GIGORD, ÉDITEUR

15, RUE CASSETTE, 15

1909

LES GRANDES LIGNES

DU "CONTRAT SOCIAL"

PAR

M. BAELEN

PARIS

ANCIENNE LIBRAIRIE POUSSIELGUE

J. DE GIGORD, ÉDITEUR

15, RUE CASSETTE, 15

—

1909

« CONTRAT SOCIAL »

On s'accorde pour l'ordinaire à déclarer le *Contrat social* de Rousseau d'une lecture difficile et déconcertante. S'il en fallait toutefois une preuve plus décisive que l'examen même de l'ouvrage, on la trouverait dans la diversité des attitudes prises à son égard par les commentateurs et les critiques. Tandis qu'il paraît aux uns comme la suite du *Discours sur l'Inégalité*, il en constitue pour les autres l'antithèse formelle. On affirme que le *Contrat* résume toute la sociologie de Rousseau, mais on affirme aussi qu'il ne tient pas à l'ensemble de ses idées. Roman politique tissu d'incohérences, ou traité solidement conçu et logiquement ordonné ; œuvre sophistique ou livre de bonne foi ; bréviaire du despotisme ou catéchisme de la Révolution, autant d'appréciations contradictoires, formulées cependant sur les motifs apparemment les plus plausibles et qu'il suffit ici d'enregistrer. Si donc, comme le dit un jurisconsulte anglais, H. J. Sumner Maine, « le monde n'a vu qu'une ou deux fois dans le cours entier de l'histoire des travaux exercer une aussi prodigieuse influence », il n'en a guère vu davantage tomber sous des jugements aussi opposés.

Ce conflit des censeurs et des apologistes aurait aisément pour conséquence de détourner de l'étude d'un livre d'ailleurs toujours actuel par certains côtés. En fait, le *Contrat social* est plus fameux que bien connu, et il s'en rencontre sans doute en grand nombre, parmi ceux qui en parlent ou déclament sous son égide, qui ne l'ont jamais lu. Il s'impose pourtant à l'attention et non seulement des philosophes et des historiens politiques, mais encore des maîtres de la jeunesse. A plusieurs reprises les Facultés l'ont inscrit aux programmes de licence et d'agrégation et depuis près de quatorze ans[1] il figure parmi les textes à étudier dans la classe de philosophie. Si nous manquons, pour notre enseignement, d'une bonne édition annotée du point de vue catholique[2], et s'il faut manier avec précaution un ouvrage dangereux

---

1. Arrêté ministériel du 8 août 1895.

2. En dehors des *Œuvres complètes*, il n'existe du *Contrat* que deux éditions de valeur, la grande édition Dreyfus-Brisac (Alcan, 1896) et l'édition classique de G. Beaulavon (Société nouvelle de Librairie et d'Edition, 1903). L'intérêt de la première réside surtout dans les nombreux extraits des « écrivains célèbres qui avaient traité avant Rousseau les mêmes questions », et les fragments considérables empruntés à ses autres ouvrages politiques, aux *Confessions* et à la *Correspondance*, et mis en appendice. La seconde offre, avec une bibliographie à peu près complète, une

par ses erreurs, puisque le moins qu'on en puisse dire c'est qu'il a encouru les censures de l'Église [1], il y aurait cependant, pour le professeur autant que pour les élèves, intérêt et profit à en aborder résolument la lecture et l'explication. Les problèmes politiques agités au XVIIIᵉ siècle nous préoccupent encore jusqu'à nous diviser, et si Rousseau ne semble pas qualifié pour les trancher, les solutions qu'il en fournit, parce qu'elles appellent une discussion rigoureuse, aident au départ des doctrines. Les thèses fondamentales de sociologie que le programme invite à développer au cours de l'année de philosophie, liberté, propriété, égalité, fonctions de l'Etat, nature de la loi, sont susceptibles d'un double enseignement, l'un théorique ou plutôt dogmatique, l'autre négatif et critique. Celui-ci, pour ne venir qu'en second lieu sous peine d'affoler des esprits encore mal orientés, n'en est pas moins, par sa forme polémique, plus vivant et plus attrayant. De tous les auteurs proposés au choix du maître, aucun ne fournit autant que Rousseau l'occasion de le pratiquer. Il est plus délicat ou, si l'on veut, plus périlleux de commenter le *Contrat social* que la *Monadologie* ou l'*Introduction à la Médecine expérimentale* ; mais, si peu de nos élèves doivent devenir des métaphysiciens ou des savants, tous seront un jour des citoyens, appelés à se prononcer sur ces grands sujets qui nous tiennent à la gorge et à se conduire selon qu'ils en auront décidé [2].

Les pages qui suivent n'ont d'autre dessein que d'offrir aux maîtres une sorte d'introduction ou de cadre que la lecture et l'explication du texte rempliront ou revêtiront de tous les aperçus propres à éclairer la pensée de Rousseau, signaler le bon de son ouvrage, montrer ses lacunes et dénoncer ses dangers avec ses erreurs.

I

En 1743, durant un séjour à Venise, ayant eu « quelque occasion de remarquer les défauts de ce gouvernement si vanté » [3], Rousseau conçut

introduction d'environ cent pages et des notes, également substantielles et documentées, mais dont on ne saurait toujours approuver ni l'esprit, ni les jugements.

Pour nos classes de philosophie, M. H. Joly a publié (Lecoffre, 1900) avec le livre I de l'*Esprit des Lois*, les deux premiers livres du *Contrat social* ; mais l'introduction, trop brève, ne suffit pas pour instruire et diriger le lecteur. Si d'ailleurs on peut se contenter pour la seconde moitié de l'ouvrage d'une rapide analyse, le chapitre de la *Religion civile* (IV, 8), par son objet et ses conclusions caractéristiques, méritait d'être reproduit intégralement.

1. Le *Contrat social* fut condamné par Clément XIII (16 juin 1766). La théorie fondamentale, qui donne son titre à l'ouvrage, est réprouvée comme fausse par l'Encyclique *Diuturnum* (20 juin 1881). (Voir aussi les Encycliques *Immortale Dei* et *Libertas præstantissima*.)

2. Si l'on désirait « illustrer » en classe cette étude du *Contrat social* par des lectures complémentaires, capables de suggérer d'utiles rapprochements, on les trouverait dans les deux volumes d'extraits annotés, publiés par A. Bayet et Fr. Albert, sous le titre *Ecrivains politiques du XVIIIᵉ et du XIXᵉ siècle* (Arm. Colin). Cette indication bibliographique réserve toute appréciation sur la pensée des éditeurs, telle qu'elle se manifeste dans le choix des textes, l'exposé et la critique des doctrines.

3. *Confessions*, II, IX (1756).

le projet d'un ouvrage de longue haleine, les *Institutions politiques*, dont les *Confessions* nous entretiennent à plusieurs reprises. Mais dix années de labeur n'ayant point porté à l'achèvement ce travail qui devait être dans sa pensée l'œuvre capitale de sa vie, il l'abandonna pour n'en conserver qu'une partie des matériaux. Ce qui survécut à cette heure de découragement devint assez rapidement le *Contrat social*. Au moment de lui donner un titre, les hésitations commencèrent, dont les manuscrits portent la trace[1]. *Contrat social* fut le premier état, *Société civile* le second, bientôt abandonné pour un retour définitif au premier. Pour le sous-titre, quatre rédactions se succédèrent : *Essai sur la Constitution de l'État, sur la formation du Corps politique, sur la formation de l'État, sur la forme de la République*. Celle-ci demeura dans le manuscrit, mais fit place, dans le livre, à cette autre : *Principes du Droit politique*.

Ces détails biographiques et bibliographiques seraient ici sans emploi s'ils ne démontraient l'intention persistante de Rousseau de traiter une question purement théorique, énoncée d'ailleurs dans les premières lignes de l'ouvrage malgré l'impropriété des termes. A la page suivante, on lit ce début de chapitre : « L'homme est né libre et partout il est dans les fers. Tel se croit le maître des autres, qui ne laisse pas d'être plus esclave qu'eux. Comment ce changement s'est-il fait ? Je l'ignore. Qu'est-ce qui peut le rendre légitime ? Je crois pouvoir résoudre cette question. » Ces deux passages mis en regard, on se convainc que l'auteur, adoptant un point de vue strictement rationnel, abstraction faite de toute donnée historique, se propose de rechercher les conditions idéales d'une société scientifiquement et logiquement organisée. Ainsi tombe une de ces deux ou trois critiques traditionnelles, « accusations banales, comme les appelle P. Janet, nées du préjugé plutôt que de l'examen », mises dans le courant par Voltaire[2], et dont aujourd'hui encore on charge le *Contrat*. Objecter à Rousseau que les plus anciens documents sacrés ou profanes de l'humanité restent muets sur un événement aussi capital que serait le pacte de société, et déclarer que son livre, appuyé sur un fait imaginaire, est le roman de la politique, c'est fort gratuitement dénaturer l'esprit et la méthode qui ont présidé à la conception de l'ouvrage et s'attirer la dédaigneuse réponse par où s'ouvre le livre III : « Je ne sais pas l'art d'être clair pour qui ne veut pas être attentif[3]. »

---

1. Il s'agit ici d'un manuscrit conservé à la bibliothèque de Genève. Des chapitres entiers en ont passé dans le *Contrat*.

2. Cf. *Idées républicaines par un Membre du corps* (1762). Tout cet écrit n'est qu'une satire à l'adresse de Rousseau.

3. Cette rectification ne convient qu'au *Contrat* pris à part, encore que certains passages aient une allure équivoque, semi-historique, semi-spéculative, et notamment le chapitre de l'*État civil* (I, 8), d'un évolutionnisme pour le moins fort suspect. Cette compénétration des points de vue nuit à l'unité de l'ouvrage mais n'en altère pas le dessein général. On lit bien dans la *Sixième Lettre de la Montagne* : « En effet, ce contrat primitif, cette essence de la souveraineté... n'est-ce pas trait pour trait l'image de votre République (de Genève) depuis sa naissance jusqu'à ce jour ? J'ai donc pris votre constitution, que je trouvais belle, pour modèle des institutions politiques. » Mais cet aveu est

On doit donc commencer par reconnaître le caractère abstrait du *Contrat social*, si l'on ne veut pas le comprendre et le juger à rebours. C'est par là que la marche de Rousseau, on l'a signalé plus d'une fois, est inverse de celle de Montesquieu.

L'auteur des Mémoires à l'Académie de Bordeaux se retrouve durant la longue préparation de l'*Esprit des Lois* : même goût des recherches positives, même sens expérimental, même défiance des systèmes. « J'ai d'abord observé les hommes », dit-il ; et de cette patiente et laborieuse enquête naît un livre qui est une œuvre de savant. Rousseau au contraire procède en logicien peu curieux des réalités passées ou présentes et, ce faisant, se montre plus que Montesquieu héritier de Descartes [1]. Si l'on a pu appeler fort à propos le *Contrat social* une « sorte de mécanique rationnelle » [2], c'est qu'en effet l'auteur y adopte une manière abstraite et mathématique d'ordonner la politique, qui justifie cette réflexion d'Emile quand on la lui expose : « On dirait que nous bâtissons notre édifice avec du bois et non pas avec des hommes, tant nous alignons exactement chaque pièce à la règle [3]. » Cela constitue justement l'extension de la méthode cartésienne à l'un des « grands sujets » que Descartes avait réservés. On n'a pas suffisamment signalé entre le *Contrat* et le *Discours* les frappantes analogies qui s'y rencontrent et leur composent un air de famille. Non seulement Rousseau rejette en principe les opinions et les théories qui ont essayé de fonder l'ordre social et l'obligation civile, mais il se propose de rebâtir sur le terrain déblayé d'après un canon tout idéal. Avec la rigueur d'une science exacte, par voie de déduction, il veut suspendre la politique à deux notions primitives, l'*état de nature* et le *pacte de société*, fournies par l'analyse et munies de toutes les garanties de clarté et d'évidence désirables. Ce mépris de l'histoire et cet individualisme dérivés du subjectivisme cartésien tiennent de leur source jusque dans l'expression. On songe

un argument sinon un artifice de défense, et quand — pour employer son langage — la *politie* de sa patrie ne servirait pas simplement à Rousseau d'exemple justificatif, comme celle de Rome, elle pourrait lui paraître la réalisation de cet idéal protestant où plusieurs voient l'héritage de Jurieu, Grotius et Puffendorf, sans constituer en rien l'histoire préhistorique et fantaisiste qu'on veut qu'il ait écrite.

Le reproche garde au contraire toute sa valeur si l'on considère l'ensemble des écrits de Rousseau à partir du *Discours sur l'origine et le fondement de l'Inégalité parmi les hommes*. Dans celui-ci notamment, tandis que le titre emporte l'idée d'un retour en arrière vers les époques et les institutions disparues, l'auteur s'y réclame d'une méthode tout opposée. « Commençons donc par écarter tous les faits, car ils ne touchent point à la question. Il ne faut pas prendre les recherches dans lesquelles on peut entrer sur ce sujet pour des vérités historiques, mais pour des raisonnements hypothétiques. » Singulière reconstitution du passé que celle où la vraisemblance tient lieu de documents ! Le sens attaché au titre se trouve d'ailleurs confirmé par le ton nettement historique d'un bon nombre de passages. Il en résulte une incertitude continuelle et, pour qui veut résumer le système, la nécessité d'adopter le même langage équivoque. C'est de quoi il suffit d'avertir ici le lecteur une fois pour toutes.

1. L'esprit positiviste de Montesquieu ne permet pas d'en faire le cartésien pur que voudrait M. Lanson (Cf. *L'influence de la philosophie cartésienne sur la littérature française. Revue de métaphysique*, juillet 1896).

2. L'expression est d'A. Bertrand (*La Déclaration des Droits de l'homme*, p. 145, note).

3. *Emile*, liv. V.

malgré soi au *Discours de la Méthode* quand on lit, dans ce cinquième
livre de l'*Émile* où tout le *Contrat* se résume : « La deuxième difficulté vient des préjugés de l'enfance, des maximes dans lesquelles
on a été nourri, surtout de la partialité des auteurs... Avant d'observer
il faut se faire des règles pour ses observations... Nos éléments seront
clairs, simples, pris immédiatement dans la nature des choses. » La
métaphore fameuse des « bâtiments qu'un seul architecte a entre-
pris » se retrouve dans le *Discours sur l'Inégalité* : « L'état politique
demeure toujours imparfait... On raccommodait sans cesse, au lieu
qu'il eût fallu commencer par nettoyer l'aire et écarter tous les vieux
matériaux comme fit Lycurgue à Sparte pour élever ensuite un bon
édifice [1]. »

Des deux idées fondamentales qui doivent ici se combiner pour
asseoir la cité idéale, si la première, l'*état de nature*, est assez malaisée
à concevoir sans ambiguïté, c'est qu'elle appartient plutôt à la sub-
structure de l'œuvre. Aussi pour l'éclairer, à défaut du *Contrat* où Rousseau ne s'est pas expliqué sur ce point, faut-il demander des lumières à ce
Discours, d'allure si équivoque, dont l'apparition excita la verve railleuse
de Voltaire [2]. Pour celui-ci, qui ne fut en général guère heureux ou guère
bienveillant dans ses commentaires, il aurait dû s'aviser d'un double
fait : d'abord que la théorie d'un état de nature n'était pas une nouveauté
indiscrète, comme Rousseau prend soin d'en avertir ses lecteurs : « Les
philosophes, dit-il presque au début, qui ont examiné les fondements
de la société, ont tous senti la nécessité de remonter jusqu'à l'état de
nature, mais aucun d'eux n'y est arrivé » ; en second lieu, que parmi
eux se trouvaient deux écrivains politiques anglais du siècle précédent,
Hobbes et Locke, et que, s'ils différaient pour tout le reste, ils s'accor-
daient à cinquante ans de distance pour n'attribuer à leurs vues aucune
portée historique.

1. Comme le remarque Taine (*Ancien Régime,* t. I, liv. III, ch. ii), cet éloignement
pour l'éxpérience et cet abus du procédé mathématique caractérisent toute l'époque de
Rousseau et percent chez Condillac autant que chez Cabanis et Condorcet.

2. Tout le monde a lu cette lettre, datée du 30 août 1755, la plus connue dans la correspondance échangée entre les deux personnages. C'est bien à ridiculiser le *Discours*
que tend Voltaire quand il écrit : « On n'a jamais employé tant d'esprit à vouloir nous
rendre bêtes : il prend envie de marcher à quatre pattes quand on lit votre ouvrage... Je
laisse cette allure naturelle à ceux qui en sont plus dignes que vous et moi. » En tra-
çant ces lignes, le châtelain des Délices prenait-il le change et, se fondant sur le titre,
voyait-il avant tout, dans l'étude de Rousseau, un essai historique ou, comme il est
plus vraisemblable, aussi ami des simplifications, où Taine le juge sans égal au monde,
qu'avide de montrer son esprit en servant ses rancunes, altérait-il sciemment la thèse
du *Discours*, toujours est-il que ses plaisanteries tombaient à faux devant les affirmations les plus formelles de l'auteur. Ces affirmations toutefois peuvent laisser des soup-
çons. Rousseau appartient à cette école de démocrates qui se faisait de l'humanité pri-
mitive un tableau enchanteur auquel les enseignements de la foi n'étaient pas étran-
gers. Ils participaient ainsi sous couleur de philosophie à une croyance commune.
« Le dogme chrétien de l'état de nature et de l'inégalité dérivée du péché était pour presque
tout le monde une sorte d'axiome au moment où Rousseau, Morelly et Mably commen-
çaient à écrire. » (Espinas, *La philosophie sociale du XVIIIe siècle*, p. 87.) Peut-être
d'ailleurs, Voltaire ne s'est-il montré si malicieusement injuste que parce qu'il flairait
dans cette conception du *Discours* l'écho ou la transposition d'une vérité religieuse.

Tenant de l'école despotique, dont sera plus tard Voltaire, Hobbes [1] tire d'une psychologie matérialiste une morale de l'égoïsme qui fonde le droit naturel sur la poursuite illimitée du plus grand intérêt et la légitime défense. L'homme naît mauvais pour son semblable, et la volonté de nuire, suite fatale de la volonté de se satisfaire, est comme elle innée chez tous. Dans cet état de nature où les individus se comportent à l'égard les uns des autres comme des loups, *homo homini, lupus lupo*, la guerre est sans merci et sans fin, *bellum omnium contra omnes*.

A ce mal il n'est qu'un remède : la société civile appuyée sur la force comme condition d'efficacité. La justice et la propriété ne sont pas de l'homme mais du citoyen.

Si Locke [2] défend au contraire le libéralisme, c'est qu'à l'opposé de Hobbes il croit à notre bonté native. La guerre n'est pas plus nécessaire dans l'état de nature que la paix dans l'état politique. L'homme peut vivre en dehors de la société civile sans devenir par là le bourreau ou la victime de son semblable, car il existe des lois non écrites, antérieures et supérieures à celles que consentent les citoyens, et qui s'imposent d'elles-mêmes. Loin d'être anormal et oppresseur, un tel régime est donc le plus conforme à la raison puisqu'il en reçoit directement les principes et se règle sur ses seules prescriptions. Si haut que l'on remonte, il ne constitue de phase distincte dans l'histoire d'aucun peuple, mais, en revanche, il définit à toute époque les relations des souverains ou des Etats et celle des individus sujets de nations différentes [3]. Bref, l'état de nature est déjà une forme de société, la plus large de toutes, puisqu'elle englobe tous les hommes sans autre condition que celle qui leur est essentielle, d'appartenir à l'humanité et seule indépendante des conventions et des lois positives.

En contradiction sur tout le reste, Locke et Hobbes s'accordent, on le voit, à situer leur thèse sur un terrain rigoureusement spéculatif. Après s'être borné, dans la préface du *Discours sur l'Inégalité*, à présenter l'état de nature comme un état « qui n'existe plus, qui n'a peut-être point existé, qui probablement n'existera jamais », Rousseau se montre bientôt plus formel et, la Bible en main, déclare à son tour qu'il se tient en dehors

1. Ses principaux ouvrages politiques sont les *Elementa philosophica de Cive* (1642) et le *Leviathan seu de materia, forma et potestate civitatis ecclesiasticæ et civilis* (1650). Le *Tractatus theologico-politicus* de Spinoza développe également la conception d'un état de nature : Homines enim civiles non nascuntur sed fiunt (cap. v). Malgré des différences considérables par rapport à Hobbes, la conclusion en est également favorable à l'absolutisme.

2. C'est par son *Essai sur le gouvernement civil* (1690) et ses *Lettres sur la tolérance* (1689) que Locke peut être regardé comme l'ancêtre commun de Voltaire, Rousseau et Montesquieu et qu'il partage avec Bayle le contestable honneur d'avoir été, en religion et en politique, l'instituteur du xviiie siècle, tandis qu'en métaphysique, son *Essai sur l'entendement humain* oriente la philosophie sensualiste de la même époque.
Sur les points essentiels Rousseau se déclare en parfait accord avec lui : « Locke en particulier les a traitées (les mêmes matières) dans les mêmes principes que moi. » (6e *Lettre de la Montagne.*)

3. Rousseau a exprimé très clairement cette idée : « D'homme à homme nous vivons dans l'état civil et soumis aux lois. De peuple à peuple, chacun jouit de sa liberté naturelle. » (*Que l'état de guerre naît de l'état social.* Manuscrit conservé à Neuchâtel.)

des faits. « Il est évident, par la lecture des livres sacrés, que le premier homme, ayant reçu immédiatement de Dieu des lumières et des préceptes, n'était point lui-même dans cet état, et qu'en ajoutant aux écrits de Moïse la foi que leur doit tout philosophe chrétien il faut nier que, même avant le déluge, les hommes se soient jamais trouvés dans le pur état de nature. » L'entreprise de décrire ce mode d'existence purement logique, sans ressembler en rien à la reconstitution synthétique de l'historien ou du paléontologiste, n'exige pas moins de laborieuses et pénétrantes recherches. « Comment l'homme viendra-t-il à bout de se voir tel que l'a formé la nature, à travers tous les changements que la succession des temps et des choses a dû produire dans sa constitution originelle, et de démêler ce qu'il tient de son propre fonds d'avec ce que les circonstances et ses progrès ont ajouté ou changé à son état primitif[1] ? » Cette élimination des éléments adventices, sentiments, besoins, facultés, pour dégager l'homme naturel qui est un pur abstrait, Rousseau la tente, malgré ses difficultés, et s'il n'ose se flatter d'avoir conduit l'analyse jusqu'au terme, il offre comme amorces de raisonnements et conjectures hasardées, un tableau déjà complexe où s'harmonisent les oppositions relevées entre ses devanciers anglais[2].

Trois lignes du manuscrit nous en présentent le raccourci. « L'erreur de Hobbes n'est pas d'avoir établi l'état de guerre entre les hommes indépendants et devenus sociables, mais d'avoir supposé cet état naturel à l'espèce et de l'avoir donné pour cause aux vices dont il est l'effet[3]. » C'est Locke qui inspire à Rousseau cette correction d'où résultent dans l'état de nature deux aspects successifs, nettement caractérisés, l'un d'une humanité heureuse, libre et paisible, l'autre d'une humanité pervertie et malheureuse[4].

1. *Discours sur l'Inégalité.* Préface.

2. Il subsiste néanmoins dans le détail plus d'une contradiction et plus d'une invraisemblance que l'éloquence passionnée du *Discours* dérobe parfois au lecteur comme peut-être elle fit à l'auteur.

3. Ch. ii. *De la société générale du genre humain.* Ce chapitre dont l'objet dépasse le cadre du *Contrat* n'y a pas été conservé.

Sous ce titre déjà cité : *Que l'état de guerre naît de l'état social,* Rousseau a écrit une douzaine de pages, demeurées manuscrites, où la thèse de Hobbes est vivement combattue. Il faut voir avec quelle passion il prend à partie « le système insensé de la guerre naturelle de chacun contre tous » et reproche à son auteur de s'être laissé conduire par « le désir ou plutôt la fureur d'établir le despotisme et l'obéissance passive ».

4. L'œuvre et la pensée de Rousseau offrent un large hiatus dès qu'on oublie ce point important. L'axiome — ou pour mieux dire le postulat — de la bonté native et la peinture idyllique des temps primitifs rapprochent le *Discours* de la thèse optimiste de Locké tandis que le *Contrat social,* si l'on excepte le chapitre *du droit du plus fort* (I,3), paraît généralement très voisin de Hobbes dans ses données principales : la lutte des appétits et, comme remède, l'abandon de la liberté au profit d'une autorité toute puissante.

Il faut vraisemblablement expliquer par cette apparente discontinuité l'origine de plusieurs des difficultés que l'on a faites à Rousseau, et dès lors, pour y répondre, il suffit de restituer au tableau le trait manquant, grâce auquel tout le dessin se débrouille.

Pour M. Faguet (*Études littéraires,* xviiie siècle, p. 385), le *Contrat* est comme isolé, sans autre lien avec le reste de l'œuvre que la première phrase : « L'homme est né libre et partout il est dans les fers. » Ne serait-ce point là qu'une illusion ? Pour le relief de l'antithèse l'état second n'est pas mentionné dans cette ligne, mais c'est lui qui

Le « sauvage » des temps primitifs est un animal sain de corps et d'esprit. Un chêne le nourrit, un ruisseau l'abreuve et il trouve « son lit au pied du même arbre qui lui a fourni son repas ». Avec des besoins aussi restreints et vite satisfaits, il est heureux. Si d'ailleurs il dépend en quelque façon des choses et des éléments, il se sent indépendant de ses semblables et leur égal à tous[1]. « Naturellement pacifique et craintif » il songe d'abord à sa propre conservation. D'ailleurs « l'honneur, l'intérêt, les préjugés, la vengance, toutes les passions qui peuvent lui faire braver la mort sont loin de lui [2]», et tandis qu'il éprouve à l'égard de la souffrance compassion et pitié, la loi naturelle inscrite dans sa raison parle aussi dans son cœur et le détourne du meurtre. La paix règne donc entre les hommes, mais aucune espèce de société « naturelle et générale » ne les rattache les uns aux autres [3].

Ces malheureux liens ne tardent pourtant pas à se former, engendrés par les besoins naturels qui naissent eux-mêmes du progrès. Ainsi l'espèce se détériore peu à peu en devenant sociable. Il y a là une double loi fatale : tout perfectionnement se rachète par quelque désavantage en même temps qu'il produit ou développe une passion nouvelle. Employer une hache, une échelle ou une fronde, c'est se dispenser désormais d'être robuste et agile ; c'est aussi provoquer un désir chez le voisin moins favorisé et créer en soi une exigence de plus qui se changera en souffrance et en sujétion à l'égard d'autrui le jour où l'instrument fera défaut. Les inégalités s'accusent progressivement et, en exaspérant l'égoïsme, affaiblissent entre les hommes la sympathie naturelle et les font plus dépendants les uns des autres. « Nos besoins nous rapprochent à mesure que nos passions nous divisent, et plus nous devenons ennemis de nos semblables moins nous pouvons nous passer d'eux [4]. » Entre tous, deux progrès, en hâtant la civilisation, précipitent cette décadence, l'invention de la métallurgie et la culture des terres. De celui-ci en particulier dérivent des maux sans nombre [5]. Si « le premier qui se fit des

donne au problème posé et résolu par tout l'ouvrage sa réalité et son opportunité. Le point d'insertion du *Contrat* sur l'ensemble des écrits politiques de Rousseau est donc là.

De son côté M. Brunetière (*Sur les chemins de la croyance*, p. 80) constate qu'aucune application pratique ne découle dans ce livre du principe de la bonté de la nature. Il n'en pouvait être autrement. Le *Contrat* veut faire de la science positive et pallier par un dérivatif un mal incurable autant qu'universel : le cas normal de l'homme né bon n'offre donc qu'un intérêt spéculatif ; le cas pathologique de l'homme devenu sociable et méchant retient seul l'attention de l'auteur et seul le guide dans le choix et l'usage du remède.

1. Il y a bien les inégalités physiques et naturelles, mais elles sont à peine sensibles et ne se manifestent, pour contribuer à établir les inégalités sociales, qu'avec le développement des besoins.

2. *Que l'état de guerre naît de l'état social.*

3. Cf. Manuscrit de Genève, *loc. cit.*

4. Manuscrit de Genève, *loc. cit.* On retrouve la même idée dans *Emile* (liv. II). « La société a fait l'homme plus faible, non seulement en lui ôtant le droit qu'il avait sur ses propres forces, mais surtout en les lui rendant insuffisantes. Voilà pourquoi ses désirs se multiplient avec ses faiblesses. »

5. Il est remarquable que Rousseau, après avoir jeté l'anathème à l'agriculture, fait sienne, dans le *Contrat* (II, 10), la doctrine des physiocrates et regarde le sol comme l'unique producteur des richesses dans un Etat.

habits ou un logement » fut un malheureux parce qu'il se procurait des choses peu nécessaires, « le premier qui, ayant enclos un terrain, s'avisa de dire : Ceci est à moi », fut un criminel, car tant de violences, de rapines et d'horreurs sont sorties de ce partage des terres, conséquence fatale de leur culture. Chacun voulant désormais s'agrandir aux dépens de ses voisins plus faibles, « l'égalité rompue fut suivie du plus affreux désordre : c'est alors que les usurpations des riches, les brigandages des pauvres, les passions effrénées de tous, étouffant la piété naturelle et la voix encore faible de la justice, rendirent les hommes avares, ambitieux et méchants [1] ». A cette ère d'anarchie doit succéder le despotisme qui s'établit par la séduction sur les appétits en conflit : la besogne est facile de tourner en sa faveur les forces de ses adversaires car tous courent « au-devant de leurs fers, croyant assurer leur liberté ». Les lois écrites consacrent l'usurpation, la propriété et l'inégalité, et bientôt il n'y a plus sur la terre un seul coin où l'on puisse éviter le joug d'un maître, le travail et la servitude. Les maux de la société humaine s'achèvent ainsi dans ceux, pires encore, de la société civile, pour vérifier jusqu'au bout ce principe fameux : « La nature a fait l'homme heureux et bon : la société le déprave et le rend misérable [2]. »

Voilà bien, en effet, l'idée directrice du système. Dans le *Contrat*, malgré les digressions, Rousseau se borne à définir « l'acte par lequel un peuple est un peuple [3] » et recherche en philosophe le lien des groupements humains qui sont les Etats ou nations, abstraction faite des contingences historiques [4]. Dans le *Discours* et les fragments manus-

1. *Discours sur l'Inégalité.*
2. *Dialogues*, III.
3. *Contrat social*, I,5.
4. C'est ce que l'on paraît oublier — ou ignorer — toutes les fois que, à l'occasion du nom de Rousseau, on lui reproche *oratorio modo* de donner à la société une base conventionnelle et de nier ainsi que l'homme soit naturellement sociable, sans citer d'autre ouvrage que le *Contrat*. Il doit pourtant n'échapper à personne qu'entre *les* sociéés et *la* société, entre société civile et société tout court, il s'en faut de plus qu'une nuance. Cette distinction fondée ne contredit point cependant ni entre les deux notions, ni entre les réalités qui leur répondent, une identité essentielle. Posez l'instinct social, le besoin physique et psychologique de s'unir, comme élément intégrant de notre nature, et du même coup l'existence de sociétés civiles multiples apparaît nécessaire. Dans la vaste association humaine, parce que « le cercle se déforme en s'étendant trop loin », ceux-là sont davantage notre *prochain* et nos *semblables* qui, vivant aux mêmes lieux, ont avec nous, par leur langue, leurs mœurs et leurs traditions, plus de traits communs. Au sein des molécules sociales, par le jeu de ces affinités, des concentrations se produisent et la masse se segmente en parties plus homogènes où la fraternité mieux sentie est vraiment agissante et l'autorité vraiment efficace. Telle est l'origine rationnelle de la diversité des nations. Cette forme intensive et utilitaire de la société naturelle doit par suite être regardée comme un mode d'organisation définitif. Dès lors on peut à la fois admettre la fraternité universelle et ne pas tenir pour souhaitable ni réalisable la suppression des « patries » avec les barrières qui les séparent et les conflits qui s'y allument. Voir dans la distinction des peuples un état transitoire et moins parfait, ce serait ne pas comprendre que, si elle constitue d'abord un fait inconscient et spontané, antérieur à tout choix délibéré, elle est aussi un fait conscient en ce que, à la réflexion, on la trouve indispensable et telle qu'un contrat l'aurait bientôt établie si elle n'existait pas. Il faut aller plus loin et, puisque certains ne craignent pas de l'appeler une corruption de la seule vraie société, reconnaître qu'en invoquant contre l'idée de patrie la fraternité humaine, on masque sous ce beau nom comme disait Brunetière, « l'excès même de l'individua-

3

crits que nous avons cités, la question soulevée est d'un autre ordre, à la fois morale et psychologique [1] : si les multiples progrès dus à la civilisation accroissent la vertu et le bonheur de l'humanité en assurant à l'individu un développement conforme à sa nature et, conséquemment, si la vie en société est postulée par les propriétés essentielles de son être. Ce problème aussi complexe que délicat et qui eût exigé de minutieuses et impartiales enquêtes, Rousseau en portait la solution dans l'esprit quand il l'aborda. C'est là, indépendamment des contradictions de détail et des points faibles dont elle fourmille, le vice originel de la thèse. Pour aboutir à la conclusion qu'il préjuge et sous prétexte de distinguer mieux que Hobbes entre les éléments primitifs et les apports de la civilisation, il se livre à cet excès d'analyse qui de l'homme policé élimine tout le civil, le ζῶον πολιτικόν, et tout le social, jusqu'à ne lui laisser presque rien d'humain.

Il faut dès lors à Rousseau, pour reconstituer l'être complexe que nous sommes, une tranquillité d'affirmation que l'historien ou le philosophe ne montrerait pas et que seul un poète — ou un voyant, comme dit M. J. Lemaître — peut posséder. Le paradoxe de la sociabilité acquise ne l'embarrasse pas [2], car tout l'homme civilisé s'explique pour lui par une continuelle évolution. Au point de départ, le sauvage du *Discours* ne se différencie guère de l'animal que par une certaine aptitude à la pitié ; son activité et son industrie se développent sous la pression des circonstances, les tendances altruistes naissent alors de ce progrès physique, pour engendrer à leur tour les sentiments moraux [3]. Ainsi le

lisme » (*Discours de combat*, I, 126) et on s'offre en proie à l'anarchie ou au despotisme.

Nul n'a exposé cette doctrine avec plus de raison et de clarté que Bossuet :

« La société humaine peut être considérée en deux manières : ou en tant qu'elle embrase tout le genre humain comme une grande famille ; ou en tant qu'elle se réduit en nations ou en peuples composés de plusieurs familles particulières qui ont chacune leurs droits. La société considérée dans ce dernier sens, s'appelle société civile. On la peut définir société d'hommes unis ensemble sous le même gouvernement, et sous les mêmes lois. Quiconque donc n'aime pas la société civile dont il fait partie, c'est-à-dire l'État où il est né, est ennemi de lui-même et de tout le genre humain. » (*Politique tirée de l'Écriture sainte*, liv. I.)

Le rêve des internationalistes est donc plus chimérique que celui de Rousseau. Quoiqu'il niât la sociabilité et que, plein d'admiration pour les « grandes âmes cosmopolites qui embrassent tout le genre humain dans leur bienveillance », il réprouvât les guerres nationales, Rousseau avait assez le sens du réel pour maintenir, au moins à titre d'expédient, ce qu'il croyait désormais inévitable. Les internationalistes au contraire se fondent sur cette même sociabilité pour rejeter toutes les formes concrètes capables de la satisfaire.

1. Il n'échappait pas à Rousseau que, en un sens, les deux problèmes se lient étroitement. Aussi ne les séparait-il pas dans ses réflexions, comme on le voit par les dates. Le *Discours*, il est vrai, est de 1754 et le *Contrat* ne fut publié qu'en avril 1762, moins de huit mois après son achèvement ; mais on peut lire une ébauche de ce dernier ouvrage dans l'article *Économie politique* qui parut en novembre 1755 au tome V de l'*Encyclopédie*. Quant au manuscrit de Genève, que plusieurs regardent comme antérieur à cet article, il représente un premier état du même livre : toutes ses idées maîtresses s'y rencontrent déjà et parfois dans leur forme définitive.

2. Ce paradoxe s'affirme nettement à plusieurs reprises : « On voit au peu de soin qu'a pris la nature de rapprocher les hommes par des besoins mutuels et de leur faciliter l'usage de la parole, combien elle a peu mis du sien pour en établir les liens. » (*Discours sur l'Inégalité*.) « On voit que ce prétendu traité social dicté par la nature est une véritable chimère » (*Manuscrit de Genève, loc. cit.*).

3. Presque tout le xviiie siècle a pensé avec Rousseau que, suivant une formule aujour-

plus sort du moins : c'est la formule même de l'évolutionnisme. Il ne
faudrait pourtant pas trop se presser de voir en Rousseau un ancêtre de
Darwin. L'état de nature, avec l'idyllique tableau de l'homme primitif,
ne ressemble en rien à l'état de guerre perpétuelle que crée entre les
espèces la lutte pour la vie. A cet égard le titre de précurseur convien-
drait beaucoup mieux à Hobbes. Du reste la conformité originelle de
l'humanité avec ses véritables destinées n'a aucun sens pour les parti-
sans de l'évolution, qui placent la position d'équilibre, s'il en est une,
non au point de départ mais au point d'arrivée, et ne voient partout
que des étapes successives et le *devenir* sans fin.

II

Sortie de l'état de nature et désormais incapable d'y rentrer, l'humanité gémit dans le désordre des inégalités que la civilisation a créées ou
augmentées. Entre riches et pauvres, armés les uns contre les autres et
pareillement menacés, la lutte serait sans fin si quelque privilégié, pour
se garder lui-même, ne s'avisait qu'en échange d'une liberté déjà com-
promise ses voisins consentiraient sans doute à recevoir plus de sûreté.
Le besoin ôtant tout loisir de songer aux aléas du marché, on convient
de s'unir pour repousser les ennemis communs, et la première société
est fondée à titre d'alliance défensive; mais sa force devient un danger
de plus pour les individus restés en dehors d'elle et les contraint à
former, sur son type, d'autres groupements du même genre [1]. Ainsi doit
se concevoir, nous l'avons vu, l'origine des sociétés politiques établies
sur des lois. Ces lois, malheureusement, ne font qu'aggraver, en les
sanctionnant, les maux qui les ont rendues nécessaires. Il faut donc
tenter de régulariser cette situation anormale et réformer le contrat en
corrigeant ce qu'il a de despotique et d'onéreux pour la multitude,
par une clause égalitaire, avantageuse pour tous [2]. Tel est le problème
à résoudre pour asseoir la communauté sur un fondement stable et la
soustraire à la tyrannie des puissants. Rousseau l'énonce en termes

d'hui fort répandue, « la question morale est une question sociale ». (Cf. Brunetière,
Sur les Chemins de la Croyance, ch. i.) Le chapitre *de l'Etat civil* (*Contrat*, I, 8) est à
cet égard des plus dignes d'attention.

1. *Discours sur l'Inégalité*. L'idée d'un pacte de société est donc antérieure au
Contrat.

2. On pourrait encore, si on le voulait, trouver chez les protestants l'origine de cette
conception. C'est en effet — si l'on excepte Aristote dans l'antiquité — un protestant
bourguignon du xvi⁰ siècle, Hubert Languet, auteur d'un livre remarquable de hardiesse
pour l'époque, le *Vindiciæ contra tyrannos*, qui, devançant Hobbes et Spinoza, émet
le premier l'idée d'un pacte constitutionnel. Il faut observer toutefois que ce pacte, par
lequel le peuple cède sa souveraineté au roi, en réservant son droit de résister aux
entreprises tyranniques, est d'un objet plus restreint que celui de Rousseau et ne mérite
pas, proprement, de s'appeler *social*, puisqu'il se borne à établir une forme de gouvernement.

clairs : « Trouver une forme d'association qui défende de toute la force
commune la personne et les biens de chaque associé et par laquelle
chacun, s'unissant à tous, n'obéisse pourtant qu'à lui-même et reste
aussi libre qu'auparavant[1] ». Le signe auquel on jugera une solution
bonne et acceptable, c'est qu'elle stipulera comme condition essentielle
la sauvegarde de la liberté et, par ce biais, rétablira dans la mesure du
possible un des plus précieux avantages de l'état primitif[2].

Nous sommes ici au vrai point de départ. Aucun doute ne saurait
s'élever là-dessus, ni l'appréhension d'imposer peut-être à ces vues un
arrangement factice : ce qui primait dans la pensée de Rousseau écri-
vant le *Contrat*, c'est la notion de la personne humaine, et son grand
souci était d'en assurer l'inviolabilité par la subordination de la société
à l'individu. A l'encontre de l'adage antique *Salus populi suprema lex
esto* qui sert en tout temps pour justifier *la raison d'État*, il avait
déclaré ailleurs que le « prétexte du bien public est toujours le plus
dangereux fléau du peuple[3] » et rappelé aux « princes[4] » « ce que
vaut un homme ». Ici l'argumentation s'élève jusqu'à la métaphysique et s'appuie sur le mot fameux qui ouvre le premier chapitre du
Contrat : « L'homme est né libre ». On y a vu le paradoxe de l'idéologue,
l'audace de négation du « philosophe », l'impatience du libertin ; et sans
doute le grand tort ou la grande imprudence de Rousseau est d'avoir
lancé, au mépris du scandale, une formule trop brève et facile à isoler
et, dès lors, assez équivoque pour permettre à la fois les interprétations
les plus variées et abriter les plus dangereux sophismes avec la compli-
cité de tout ce qui en nous répugne à la contrainte. Mais il faut l'entendre lui-même. En affirmant que « l'homme est né libre », c'est bien
une protestation que Rousseau élève contre les « fers » qui nous entra-
vent, le rapport du *Contrat* au *Discours* qu'il souligne et la chimère de
l'état de nature qu'il ressuscite, mais sa pensée se porte au delà de l'in-

1. *Contrat*, I, 6.
2. Le problème ne semble pas avoir le même objet ni tendre au même but dans le
cinquième livre d'*Émile*. On y lit : « Considérant le sens de ce mot collectif de peuple,
nous chercherons si pour l'établir il ne faut pas un contrat, au moins tacite... Le contrat
social est la base de toute société civile, et c'est dans la nature de cet acte qu'il faut
chercher celle de la société qu'il forme. Nous rechercherons quelle est la teneur de ce
contrat. . » Ainsi délimitée la question est d'un ordre tout positif : ce que renferme le
pacte sur lequel toutes les sociétés se fondent, c'est une analyse du réel. Le *Contrat*
institue une enquête sur l'idéal sans séparer assez nettement les deux points qu'il se propose : ce que doit contenir le pacte pour fonder une société où l'individu soit protégé
(I, 6), et d'abord s'il faut un pacte pour créer et consacrer une autorité légitime (I, 4).
3. Article *Économie politique*. — On y lit encore : « Qu'on nous dise qu'il est bon
qu'un seul périsse pour tous, j'admirerai cette sentence dans la bouche d'un digne et
vertueux patriote qui se consacre volontiers et par devoir à la mort pour le salut de son
pays ; mais si l'on entend qu'il soit permis au gouvernement de sacrifier un innocent au
salut de la multitude, je tiens cette maxime pour une des plus exécrables que jamais la
tyrannie ait inventées... Loin qu'un seul doive périr pour tous, tous ont engagé leurs
biens et leurs vies à la défense de chacun d'eux, afin que la faiblesse particulière fût
toujours protégée par la force publique, et chaque membre par tout l'État. »
4. Dans le vocabulaire du *Contrat* le mot « prince » s'applique indistinctement à tout
gouvernement, quelle qu'en soit d'ailleurs la forme (Cf. *Contrat*, III, 4), comme le mot
« souverain » désigne l'État pris en son entier. (*Ibid.*, I, 6.)

dépendance extérieure vis-à-vis de nos semblables et des institutions, jusqu'à la sphère morale où s'exerce l'autonomie de la volonté. L'axiome en effet se complète par un lumineux corollaire : « Renoncer à sa liberté, c'est renoncer à sa qualité d'homme, aux droits de l'humanité, même à ses devoirs... Une telle renonciation est incompatible avec la nature de l'homme et c'est ôter toute moralité à ses actions que d'ôter toute liberté à sa volonté [1] ». Rousseau n'a peut-être rien écrit de plus clair, de plus juste et de plus solidement conçu que ces deux phrases où s'affirme la valeur éminente et absolue de la personne définie par ses éléments essentiels : une activité intelligente et libre placée en face d'une règle qui est sa règle et devenant ainsi sujet du droit [2]. C'est, avant la lettre, l'impératif catégorique de Kant signifié au « prince » et à chacun des sujets comme la norme de toute société civile : « Agis de telle sorte que tu traites toujours l'humanité, soit dans ta personne, soit dans la personne d'autrui, comme une fin, et que tu ne t'en serves jamais comme d'un moyen. » Il n'y a donc ni à contraindre ni seulement à solliciter les textes pour établir qu'en cette première ligne, malgré sa parenté avec le *Discours*, loin de déclarer l'individu affranchi de la morale, Rousseau aboutit à le mettre par la morale à l'abri des contingences qui pourraient l'asservir [3].

Du même point de vue philosophique peut se déduire une deuxième condition mise par Rousseau à la société légitime dont il cherche la

---

1. *Contrat*, I, 4.

2. L'erreur foncière du *Contrat*, pour laquelle on impute à Rousseau d'avoir transporté dans la politique l'individualisme établi dans la religion par Luther et dans la philosophie par Descartes, n'est donc pas d'avoir proclamé la valeur de l'individu et mis en quelque sorte la société à son service, mais, nous le verrons, d'avoir fait dépendre de son libre consentement l'existence de cette société et supposé un état de nature caractérisé par l'isolement, l'indépendance et l'égalité des hommes.

3. Cette vue d'une si haute moralité, à laquelle il eût fallu seulement que Rousseau se tînt constamment fidèle, est celle des penseurs les plus orthodoxes. (Cf. CARO, *Problèmes de Morale sociale*, ch. VIII ; SERTILLANGES, *La Politique chrétienne*, pp. 37 et suivantes.)

La critique semble donc s'être parfois indûment exercée sur cette formule : « L'homme est né libre », équivoque par elle-même et suspecte à bon droit à cause des antécédents de Rousseau qu'elle rappelle, le *Discours sur l'Inégalité* et la thèse aventureuse de l'état de nature, mais par là d'autant plus signalée à un rigoureux examen.

Quelques citations prouveront bien qu'au lieu de trois lignes il suffirait parfois de trois mots pour faire pendre un auteur.

Etudiant les arguments du *Contrat* en faveur de la souveraineté du peuple, M. de Vareilles écrit : « Il est faux que l'homme naisse pleinement libre : il est saisi dès son entrée en ce monde par les liens du devoir » (*Principes fondamentaux du droit*, p. 290). — M. J. Lemaître ne discute pas et se borne à déclarer que « né libre » ne présente aucun sens (*J.-J. Rousseau*, p. 253). — Pour M. Ch. Benoist, parler de liberté comme d'un droit naturel imprescriptible paraît une « phraséologie ridicule » pour ce motif que souvent « le fait le prescrit ». Il va même plus loin : « Les hommes naissent libres ! Non, jamais, ni physiquement, ni moralement. » (*Sophismes politiques*, pp. 90 et 94). — M. Faguet se place à un meilleur point de vue, d'où il aperçoit la véritable difficulté : « Cet axiome (de Rousseau) est à peu près aussi juste que le serait celui-ci : « Le mouton est né carnivore et partout il mange de l'herbe... L'homme est né en société, puisqu'on ne l'a jamais vu autrement qu'en société... Donc l'homme est né esclave. » Il est moins heureux quand il ajoute dans la suite du même chapitre : « L'homme n'a pas de droits... Qu'est-ce qu'un droit? C'est, ce ne peut être que le résultat d'un contrat. « (*Le Libéralisme*, ch. I.)

base. Si la personnalité est, pour ainsi dire, « consubstantielle » à l'être humain, elle n'admet pas de degrés et ne varie pas de l'un à l'autre. Chacun est tenu de la respecter en tous et tous en chacun, si bien que, dans les relations réciproques des individus comme dans leurs rapports avec l'ensemble, l'indépendance demeure absolue. Cette indépendance est égalité[1]. Toute solution juste du problème énoncé au début du *Contrat* devant fournir la formule d'une véritable « république des fins », comme parle Kant, le respect de la liberté y entraînera le respect de l'égalité ; puisque « aucun homme n'a une autorité naturelle sur son semblable[2] », aucun membre de l'association ne pourra se subordonner autrui et toute hiérarchie sera proscrite de façon que « chaque associé s'unissant à tous n'obéisse pourtant qu'à lui-même[3] ».

A ces données rationnelles un pacte de société peut seul satisfaire, c'est le Contrat social, dont les clauses, « déterminées par la nature de l'acte », se trouvent, sans avoir « jamais été formellement énoncées…, partout admises et reconnues[4] ». Mais voici où tout change, par un coup de théâtre propre à inspirer plus d'un coup d'État. Ces clauses se réduisent à une seule, « l'aliénation totale de chaque associé avec tous ses droits à toute la communauté ». Par un renversement soudain la thèse libérale se métamorphose en thèse despotique et l'individu, au lieu d'un être incapable de renoncer à sa liberté sans dépouiller son essence, n'est plus qu'une « partie indivisible du tout ». Afin de mieux

1. Comme il n'y a pas dans la nature deux êtres absolument semblables et que, dans une même catégorie, les différences croissent en nombre avec la complexité du type, on ne saurait parler d'égalité entre individus sans en éliminer d'abord par abstraction tout ce qui ne se réfère pas à un principe de comparaison que l'on s'est donné au préalable. L'égalité « juridique », dont il s'agit ici, ne se conçoit pas plus que la liberté en dehors de la notion de personne. Si l'on peut déclarer tous les hommes égaux c'est qu'en considérant leur fin commune et la règle morale uniforme qui les régit, on néglige à dessein tout ce que l'âge, les talents, le travail et la fortune mettent entre eux d'inégalités. Cette liaison nécessaire n'empêche pas l'égalité d'apparaître, à l'opposé de la liberté, comme purement extérieure et en quelque façon ajoutée à l'individu. N'y eût-il jamais existé qu'un seul homme, il serait libre de la liberté morale inhérente à son être et prolongée au dehors jusqu'aux limites de son activité physique ; donnez-lui un compagnon, alors seulement la notion d'égalité offre un sens, elle est donc proprement relative et, pour ainsi parler, toute « de circonstance ».

Dans les faits, une loi fort différente semble régir le rapport de ces deux notions : ce que l'on gagne en liberté, on le perd en égalité, car moins on entrave l'activité des individus plus le développement intellectuel ou pécuniaire met entre eux de distance. Réciproquement, pour échapper à la limitation de sa propre liberté par celle du voisin, il faudrait le dépasser de telle façon qu'on pût le traiter en esclave. (Cf. P. GAULTIER, *L'Idéal moderne*, ch. VII.)

L'oubli de ces notions conduit au sophisme de l'égalité absolue regardée comme justice absolue. Dans l'espèce on le commet chaque fois qu'on pose en thèse générale et sans distinctions, ni restrictions, l'égalité devant la loi, formule décevante où se cache la confusion entre l'égalité toute paradoxale *des droits* et l'égalité *de droit* seule réelle. Bien des relations, loin de mettre sur le même plan les termes qu'elles concernent, impliquent des différences de niveau : c'est le principe de la division classique de la justice en justice commutative et justice distributive. Si donc les mêmes êtres sont égaux ou inégaux suivant le rapport considéré, comme le rapport des citoyens à la loi relève de la justice distributive, l'inégalité seule, et non l'égalité, y est de règle.

2. *Contrat*, I, 4.

3. *Ibid.*, I, 6.

4. *Ibid.*, I, 6 passim.

absorber les particuliers dans « le corps », Rousseau ne propose rien moins que de « changer pour ainsi dire la nature humaine » et d'ôter à l'homme « ses forces propres pour lui en donner qui lui soient étrangères »[1]. Cette altération de la personnalité lui paraît même la tâche obligée du législateur car « l'autorité la plus absolue est celle qui pénètre jusqu'à l'intérieur de l'homme et ne s'exerce pas moins sur la volonté que sur les actions[2] ». C'est à la lettre le système du « tout à l'État » soutenu par le champion de l'indépendance naturelle. Malgré des retours de libéralisme et des atténuations qui feront dire justement que le *Contrat* « chancelle entre l'anarchie et le pouvoir absolu[3] », Rousseau restera jusqu'à la dernière page de son livre le théoricien impénitent du despotisme et l'admirateur idolâtre de Lycurgue et de ces démocraties anciennes qui ressemblaient si fort à des aristocraties très tyranniques.

La volte-face est consciente chez Rousseau, mais de peur qu'on ne l'accuse de se contredire, il s'efforce de défendre sa nouvelle position à l'aide d'arguments inspirés par les idées de liberté et d'égalité. La conviction qu'ils font naître n'est pas irrésistible. « Chacun se donnant tout entier, la condition est égale pour tous » après la cession de la personnalité, cela est vrai ; mais pour qu'elle le fût aussi dans l'acte même de cession, il faudrait que tous possédassent antérieurement une pareille somme de droits et de biens. L'uniformité du traitement ne saurait d'ailleurs le rendre légitime, car la symétrie, qui concourt à la beauté, ne fait rien pour la justice : consentie ou imposée, l'aliénation totale de l'individu reste une opération contre nature, et toujours il y aura intérêt à rendre la condition résultante onéreuse aux autres quand on pourra, comme chef, la rendre par là moins pénible pour soi. Si l'on se souvient en outre que Rousseau a écrit, dans une des pages précédentes : « Il n'y a nul dédommagement possible pour quiconque renonce à tout[4] », on se demande avec surprise comment il peut parler ici d'équivalence entre la perte et le gain. La personnalité n'est pas une somme de parties, cédée en bloc d'une main et, de l'autre, recouvrée en détail par l'apport minime de chacun, mais un tout simple et indivisible comme l'âme elle-même. A moins qu'on ne me garantisse l'unanimité perpétuelle dans les décisions ou qu'on ne me reconnaisse le pouvoir exorbitant de m'opposer seul au corps entier, un droit de veto d'où sortirait la pire anarchie, je serai esclave quand je ne me rangerai pas

---

1. *Contrat*, II, 7.

2. Dans *Emile* (liv. I) les mêmes vues s'expriment à l'aide des métaphores mathématiques, qui sont si bien dans le goût de Rousseau : « L'homme civil n'est qu'une unité fractionnaire qui tient au dénominateur... Les bonnes institutions sont celles qui savent le mieux dénaturer l'homme, lui ôter son existence absolue pour lui en donner une relative et transporter le *moi* dans l'unité commune ».

3. Espinas, *op. cit.*, p. 173. — Après avoir affirmé l'aliénation « sans réserve » et le « pouvoir absolu » du corps politique sur ses membres, Rousseau se corrige — ou se contredit — en limitant d'abord cette aliénation à ce « dont l'usage importe à la communauté », puis en niant qu'il y ait « de la part des particuliers aucune renonciation véritable » (II, 14).

4. *Contrat*, I, 4.

à l'avis du plus grand nombre. Ce n'est pas là pourtant que Rousseau voit des menaces de despotisme ou de désordre, car — et cela lui fournit un nouvel argument — s'il exige une aliénation sans réserve, c'est justement qu'elle lui paraît indispensable pour prévenir un retour de l'association vers la tyrannie de l'état de nature. En effet, « s'il restait quelques droits aux particuliers », cette autonomie partielle les mettrait en face du corps comme de petites puissances indépendantes, dont les revendications schismatiques feraient échec au contrat. Les avantages de la société sont à ce prix. Ironie ou illusion ! C'est tourner dans un cercle que de déclarer la renonciation absolue nécessaire à l'efficacité du pacte, qui est la garantie des droits, si ces droits s'évanouissent dans l'acte même de la renonciation. Vainement dira-t-on qu'ils ne s'évanouissent que pour reparaître sous un autre nom et revêtus d'autres caractères. L'Etat ne possède pas cette vertu magique de transmutation. Malgré sa supériorité de puissance et son autorité vis-à-vis de ses sujets, étant par rapport à eux un moyen et non une fin, il ne peut que ce qu'il doit. Nécessité par les déviations et les perversions toujours imminentes de la personnalité en exercice, son rôle ne va qu'à diriger et contrôler, en vue d'un harmonieux équilibre entre les individus. Ainsi la société est pour ses membres, elle doit les prendre tels qu'ils sont, s'adapter à eux et les recevoir d'abord avec tous leurs droits, loin de les en dépouiller. La reconnaissance par l'Etat de ces droits naturels n'en change ni l'origine, ni l'essence, elle en définit seulement les effets civils et extérieurs avec la consigne acceptée de les respecter lui-même et de les défendre par toute sa force. Il ne peut donc naître d'antagonisme entre l'homme et le citoyen, qui est l'homme canalisé. Dès lors le sacrifice, même provisoire, même purement logique, de la personnalité ne sert à rien qu'à constituer une suprématie aussi dangereuse qu'illégitime de la loi sur le droit [1].

1. M. Beaulavon (*op. cit.* pp. 22 et 128, note 3) juge cette raison *sociale*, en comparaison des deux autres, « la plus forte de beaucoup », et reproche aux adversaires de Rousseau de n'avoir guère pris la peine de la discuter. Pour son compte il la développe avec bonheur, mais son insistance à la mettre en valeur en fait mieux saillir l'insuffisance. « A vouloir juxtaposer, dit-il, dans le même individu, un homme de la nature ne relevant que de la conscience et un homme social ne relevant que de la loi, on enlèverait nécessairement à l'Etat sa puissance et à l'individu sa liberté. » On ne saurait plus élégamment formuler le sophisme de la confiscation, sous prétexte de liberté, de tous les droits y compris ceux de la conscience. Mais étendu à cette limite extrême, le commentaire ne trahit-il pas la pensée de Rousseau, qui réservait précisément les droits de la conscience et se défendait d'enfreindre par le Contrat les lois naturelles (cf. 6e *Lettre de la Montagne*)? Non. M. Beaulavon sépare le moral du social : « Le contrat ne modifie pas ce qui est bien ou mal en soi ; les droits naturels subsistent donc bien, en un sens, à titre d'idées morales conçues par les individus : mais ce ne sont plus des réalités sociales (*Ibid.*, p. 51). Et tel est le prestige des mots qu'il ne s'avise pas que cette distincton même doit être la source de la plus intolérable oppression. Les seules « réalités sociales » sont les lois; mais les lois ne reconnaissent d'autre autorité que la leur, et dès lors risquent bien de contredire quelque jour les droits naturels, Que fera le citoyen dans ces conjonctures ? Libre à lui sans doute de « condamner la loi », voire de « travailler à la modifier » ; mais à son tour la loi le condamnera s'il ose en attendant lui désobéir plutôt qu'au devoir. Frappé par une sentence sans appel, une consolation du moins lui restera, celle d'emporter *Emile* dans sa prison et, comme le Vicaire

Parti de prémisses libérales, le *Contrat* aboutit donc à une conclusion despotique. Comment ce changement s'est-il fait? Dans le problème posé par lui, Rousseau ne vit-il qu'un nouveau « pont aux ânes » et prit-il exprès, comme pour le *Discours sur les sciences et les arts*, le contrepied de la solution que « tous les talents médiocres » lui semblaient devoir donner? Il se peut. Il se peut encore que le pacte social ne soit rédigé ainsi que pour servir plus efficacement à un dessein destructeur[1]. Mais de tels motifs ne se suffisent pas à eux-mêmes et il reste à trouver des causes plus profondes, car on n'explique pas grand'chose quand on fait de la contradiction, sinon la marque du génie, du moins « le propre des hommes qui ont longuement pensé » et dont l'esprit, agissant suivant « des lois à part », se joue « des conclusions étroites d'une logique » exacte et raisonneuse[2].

On a prétendu qu'un sophisme « emplit tout le *Contrat social* s'il n'est le *Contrat social* lui-même », le sophisme de la liberté du citoyen par la liberté du peuple[3]. Si Rousseau en vient à identifier ces deux termes dont Montesquieu avait signalé l'indépendance[4], c'est, malgré l'apparente rigueur de certaines pages, qu'il accroche ses raisonnements à une idée centrale imprécise et flottante. Les deux premiers livres, à partir de la formation du corps politique, peuvent se résumer en quelques lignes. Il est vrai que par une abdication sans réserve « chacun de nous met en commun sa personne et toute sa puissance sous la suprême direction de la volonté générale », ce qui est la clause essentielle du pacte ; toutefois « la souveraineté, n'étant que l'exercice de la volonté générale, ne peut s'aliéner », et ainsi se trouve garantie la liberté du peuple. Or, cette même volonté générale s'exprime par les lois qui en sont « les actes »; mais, d'un autre point de vue, on n'aperçoit aucune contradiction entre « être libre et soumis aux lois, puisqu'elles ne sont que les registres de nos volontés », et que « l'obéissance à la loi qu'on s'est prescrite est liberté[5] ». Donc la liberté individuelle coïncide exactement avec la liberté de l'Etat. Ces déductions d'allure quasi-mathématique pivotent malheureusement autour d'un terme équivoque et qu'il semble que Rousseau ait choisi par un artifice de langage, à cause de son élasticité, la volonté générale[6].

savoyard, d'y adresser d'éloquentes invocations à la conscience, « instinct divin..., guide assuré..., juge infaillible » !

Cela est d'un vrai disciple de Rousseau pour qui l'omnipotence et l'omnicompétence de l'Etat sont les dogmes essentiels de la science politique, logiquement déduits du principe de l'individualisme.

1. « L'idée du *Contrat* est moins une vérité philosophique ou une loi de l'histoire qu'une arme capable de détruire l'Eglise et la royauté. » (Dreyfus-Brisac, *op. cit.* Introduction, p. xxvii.)

2. Boutmy. *Etudes politiques*, p. 128.

3. Faguet. *Politique comparée*, p. 17.

4. « Il pourra arriver que la Constitution sera libre et que le citoyen ne le sera pas ». (*Esprit des Lois.*)

5. *Contrat social*, I, 6 et 8 ; II, 1 et 6.

6. On le rencontre plus de soixante fois dans tout le *Contrat* et il est fréquemment en usage dans l'article *Economie politique*.

A défaut d'une définition précise fournie par l'auteur lui-même, c'est une besogne ardue de dégager, de l'amas des textes plus ou moins concordants ou opposés, le contenu approximatif de cette notion qui forme pourtant comme « la clef de voûte de l'édifice social [1] ». Au sens obvie, la volonté générale doit signifier la volonté de tous, et c'est bien ainsi que l'entend Rousseau dans les citations qu'on vient de lire. Toutefois l'accord unanime restant un idéal le plus souvent irréalisable, on doit voir encore la volonté générale dans l'opinion de la majorité à qui tous indistinctement reconnaissent le droit de commander [2]. D'ailleurs, bien que « plus les avis approchent de l'unanimité, plus aussi la volonté générale soit dominante », « ce qui généralise la volonté, c'est moins le nombre de voix que l'intérêt commun qui les unit [3] », et comme à ce point de vue de l'utilité publique, « il y a souvent de la différence entre la volonté de tous et la volonté générale [4] », celle-ci pourra, dans plus d'un cas, être représentée par une minorité, ou n'être pas représentée du tout. Cela paraît bien de nature à tempérer les prétentions des majorités et, théoriquement, à prévenir la tyrannie du nombre, mais qui décidera dans la pratique et quelles mains détiendront le pouvoir d'où doit émaner la loi ?

D'où résultent cependant ces écarts numériques? De ce que « chaque individu, peut, comme homme, avoir une volonté particulière, contraire ou dissemblable à la volonté générale qu'il a comme citoyen [5] ». Elles coexistent, s'entendent parfois, se combattent souvent et pourtant, s'il est « impossible que l'accord soit durable [6] », quand, le lien social se relâchant, l'intérêt commun s'altère, la volonté générale est « toujours constante, inaltérable et pure » sous les appétits déchaînés, si bien que « même en vendant son suffrage, il (le citoyen) n'éteint pas en lui la volonté générale, il l'élude [7] ». A la lumière de ce conflit l'impropriété des termes dont Rousseau a composé sa formule achève de se manifes-

---

1. Le mot est de M. l'abbé J. Vosters (La Volonté générale dans le *Contrat social* de J.-J. Rousseau, *Revue générale de Bruxelles*, décembre 1901). L'essai de systématisation qu'offre cet article montre combien était incertaine sur ce point la pensée de Rousseau. A côté des textes clairs qui marquent le rapport de la volonté générale avec la Loi et la Souveraineté, il en est d'autres en grand nombre que l'on ne parvient pas à accorder entre eux. Aussi paraît-on toujours vouloir jouer à l'auteur du *Contrat* un mauvais tour lorsqu'on tente de confronter ensemble les passages qui ont trait à cet objet.

2. Pour ramener à un vouloir unanime le droit des majorités et déclarer que « le citoyen consent à toutes les lois, même à celles qu'on passe malgré lui » (*Contrat*, IV, 2) ou contre lui, il faut user d'un biais et dire avec M. Beaulavon : « Je puis ne pas vouloir individuellement ce que veut la majorité, mais je dois vouloir du moins que la majorité fasse loi : c'est là la volonté commune à la majorité et à la minorité. » (*Op. cit.*, p. 27.)

3. *Contrat social*, IV, 2; II, 4. — On lit ailleurs : « La volonté générale change de nature, ayant un objet particulier » (III, 4). Comment accorder cette ligne avec la suivante : « La volonté générale pour être telle doit l'être dans son objet ainsi que dans son essence » (II, 4)? Essence et objet, distincts ici, se confondent là ; où est le vrai?

4. *Ibid.*, II, 3.

5. *Ibid.*, I, 7.

6. *Ibid.*, II, 1.

7. *Ibid.*, IV, 1.

ter. Générale seulement lorsque son objet l'est lui-même, cette volonté n'en est pas vraiment une : pour la trouver, latente et presque ignorée, en tous, en toute circonstance, il faut la réduire à une simple ébauche de vouloir, aspiration confuse vers le bien commun, désir imprécis de bonheur pour le prochain, sympathie bienveillante inséparable des sentiments moraux dans une conscience normale. Mais cela même ne suffit pas, car toutes les consciences ne sont pas normales, Rousseau peut le savoir, et pourtant il déclare avec insistance que la volonté générale est « toujours droite[1] » et tend sans cesse vers l'utilité publique. Si l'on rapproche de ces affirmations la thèse séparatiste qui, mettant entre le moral et le social une barrière infranchissable, reconnaît au vouloir de la nation une absolue autonomie, on s'avise que peut-être Rousseau a fait de celle-ci une puissance distincte, irréductible aux volontés individuelles, l'attribut propre d'un être permanent supérieur à la collectivité.

La notion de la volonté générale, en effet, n'est que l'aspect principal, le côté saillant d'une théorie plus complexe, dont on ne s'attendait guère à trouver tant de traits épars dans l'œuvre politique de Rousseau, l'organicisme. On sait sur quoi elle repose. La solidarité qui unit les membres d'un même groupement humain et les connexions visibles des fonctions dans l'Etat chez les peuples civilisés ont, dès l'antiquité, suggéré aux philosophes de comparer une nation à un corps organisé, un animal vivant. L'école ainsi nommée de *l'organisme social* a tourné la comparaison en métaphore et, poussant la métaphore ou la suivant jusqu'au bout, l'a tenue pour une réalité. Le *Contrat* passerait aisément à cet égard pour la tentative d'un précurseur[2]. A peine l'association est-elle fondée sur les bases du pacte de cession totale que Rousseau, oubliant cette origine artificielle, y voit une « personne publique » et non pas seulement « une personne morale dont la vie consiste dans l'union de ses membres, ... un corps moral et collectif », qui pourrait n'être qu'une vue de l'esprit ou une fiction de droit, mais une personne réelle ayant « son unité, son *moi* commun, sa vie et sa volonté », en un mot, un individu[3]. Et qu'on ne dise pas que ces expressions sont les façons de parler d'un écrivain fortement impressionné par son idée, le langage coloré d'un poète. Les termes doivent être entendus à la lettre.

A deux ou trois reprises, Rousseau s'est plu à détailler le person-

---

1. *Contrat social*, II, 3, 4, 6.

2. Le Suisse Bluntschli, auteur de la *Théorie générale de l'État* (1851), est celui des organicistes dont Rousseau se rapprocherait le plus.

Il serait difficile pourtant de trouver deux écoles aussi opposées de méthode et de doctrine. Au lieu des considérations abstraites, aprioristiques du *Contrat*, l'organicisme moderne, prenant à la biologie son vocabulaire et ses idées directrices, préconise, même avec excès, les recherches positives et l'usage des faits. M. Fouillée résume ainsi cette théorie : « La société n'est pas une œuvre de la volonté, mais un produit de la nature ; elle n'est pas un contrat, mais un organisme ; elle n'est pas une libre création, mais une évolution nécessaire. » (*La science sociale contemporaine*. Introduction, p. XI.)

3. *Contrat*, I, 6 ; II, 4.

nage de l'Etat [1] et, quand on n'y verrait encore qu'une fantaisie ingé-
nieuse, il resterait pour établir le rapport de l'organicisme à sa pensée,
nombre de passages et des chapitres entiers qui en sont visiblement
inspirés [2]. La théorie du corps politique assimilé à un être vivant, à une
personne, est la clef d'une bonne partie du *Contrat*. Si bien que la contradiction essentielle de Rousseau n'est pas ce paradoxe du despotisme
gardien et garant de la liberté, mais la conception hybride qui, juxta-
posant l'individualisme et l'organicisme, définit la société comme un
groupement artificiel et la décrit comme un tout naturel.

Revenons à la volonté générale. Née d'une assimilation trop étroite
entre la personnalité réelle et la personnalité juridique, elle tient dans
l'être social un rôle pareil à celui du libre arbitre dans l'être individuel
et dans une certaine mesure, on l'a déjà remarqué, au détriment de
celui-ci. D'accord avec les vues auxquelles plus tard Kant [3] attachera
son nom en les faisant entrer dans sa morale, Rousseau estime que l'autonomie est essentielle au vouloir délibéré de la nation et en déduit sa
fin qui n'est autre qu'elle-même. Comme d'ailleurs par sa bonté native
l'homme préservé de la funeste influence de ses semblables se porte
spontanément au bien [4], ainsi l'Etat ne cesse de rechercher l'utilité commune, dont le désir, souvent obscurci dans les consciences particulières,
s'épanouit avec une force irrésistible dans la conscience collective. « Le
corps politique est un être moral qui a une volonté, et cette volonté
générale qui tend toujours à la conservation et au bien-être du tout et
de chaque partie, et qui est la source des lois est, pour tous les membres
de l'Etat, par rapport à eux et à la loi, la règle du juste et de l'injuste [5] ». Par cette double prérogative de la pureté et de la sainteté [6]

---

1. « *De la mort du corps politique.* — ...La puissance législative est le cœur de l'Etat,
la puissance exécutive en est le cerveau. » (III, 11.)

« Le corps politique, pris individuellement, peut être considéré comme un corps organisé, vivant et semblable à celui de l'homme. Le pouvoir souverain représente la tête ; les
lois et les coutumes sont le cerveau, principe des nerfs et siège de l'entendement, de la
volonté et des sens, dont les juges et les magistrats sont les organes ; le commerce, l'industrie et l'agriculture sont la bouche et l'estomac..., les finances publiques sont le sang. »
(Article *Economie politique.*)

On croirait entendre un de ces tenants de la « politique zoologique » qui, comme
Schaefle, ont étudié jusqu'à l'épiderme, la muqueuse, les capillaires et les vertèbres du
corps social.

Pourtant Rousseau, dans le fragment manuscrit, *Que l'état de guerre naît de l'état
social*, insiste au contraire sur le caractère artificiel de l'Etat : « Les citoyens ont beau
s'appeler membres de l'Etat, ils ne sauraient s'unir à lui comme de vrais membres le
sont au corps ; il est impossible que chacun d'eux n'ait pas une existence individuelle
et séparée... »

2. Voir notamment *Contrat*, II, 4. 6. 9 ; III, 1.

3. L'influence exercée sur Kant par Rousseau est une des mieux établies, grâce aux
témoignages de Kant lui-même et aux travaux qu'on y a consacrés depuis une vingtaine
d'années.

4. La parenté de ces deux principes « l'homme naît bon », « la volonté générale est
toujours droite », paraît avoir échappé à Brunetière qui reproche à Rousseau, nous
l'avons vu, de poser le premier sans en tirer aucune application.

5. Article *Economie politique.*

6. Il faut entendre ce mot comme Rousseau l'entendait lui-même, au sens d'obligation
imprescriptible. (Cf. *Contrat*, I, 7).

absolues, Rousseau achève de constituer l'être mythique et mystique de l'Etat souverain, dans l'exercice de la volonté générale. Formant par indivis la propriété incessible et inaliénable de la nation tout entière, la souveraineté ne peut être déléguée. C'est un leurre de confier à des mandataires ou députés autre chose qu'une commission en vue de préparer ou de rédiger les lois. Le pouvoir de légiférer n'est pas transmissible. « A l'instant qu'un peuple se donne des représentants, il n'est plus libre; il n'est plus [1] »; on le voit par l'exemple de l'Angleterre où, sitôt après l'élection des membres du Parlement, les citoyens deviennent esclaves. « Le souverain ne saurait agir que quand le peuple est assemblé [2] », ainsi que cela se pratiquait dans les anciennes républiques. Est-ce encore réalisable aujourd'hui? se demande Rousseau. Tout bien examiné et quoique « de l'existant au possible » la conclusion lui paraisse bonne, il répond négativement. Sauf pour les très petits Etats [3], outre les difficultés nées du climat et de la langue, la souveraineté directe trouve dans les aberrations d'une « multitude aveugle » un obstacle insurmontable. « Le peuple veut toujours le bien; mais, de lui-même, il ne le voit pas toujours [4] ». Pour le lui montrer il faut un législateur.

Ce législateur est un sage, presque un dieu. Sa fonction est extraordinaire, ni magistrature, ni souveraineté : préparer des lois pour le peuple par une connaissance approfondie de notre nature ; adapter le peuple aux lois par une substitution de forces qui modifie cette nature dans l'individu. Sans mandat impératif et sans moyen de coaction il poursuit cette double tâche par la seule autorité de son génie et du commerce feint ou réel qu'il a avec la divinité. Cependant le peuple reste l'auteur des lois, ou du moins il le croit — et Rousseau avec lui — cédant à une illusion née, comme disait Spinoza, « de ce que les hommes sont conscients de leurs actions et ignorants des causes qui les déterminent ». Par la volonté générale il demeure le souverain, mais le souverain, déclaré incapable, est sous tutelle, et le prestige presque surnaturel du législateur l'entraîne sans violence et le persuade sans le convaincre. Il garde le titre mais l'emploi lui échappe et on ne lui soumet les décisions que pour entretenir son erreur, en les lui dictant. Un autre commande; et s'il faudrait « des dieux pour donner des lois aux hommes [5] », à leur défaut un ambitieux habile peut s'attribuer ce rôle et asservir la nation plus complètement que ne font les représentants dont le mandat, temporaire et partagé, émane du peuple. Mieux qu'un aveu cette institution du législateur décèle le vice originel de la souveraineté inaliénable.

1. *Ibid.*, III, 15.
2. *Ibid.*, III, 12.
3. « Un des plus grands inconvénients des grands Etats est que la puissance législative ne peut s'y montrer elle-même et ne peut agir que par députation... Le législateur en corps est impossible à corrompre, mais facile à tromper. » (*Considérations sur le gouvernement de Pologne*, VII.)
4. *Contrat*, II, 6.
5. *Ibid.*, II, 7.

On ne comprend pas plus aisément pour cela que l'exercice de la volonté générale rencontre nulle part des limites. Rousseau les voit cependant[1] et telles que le contrat social, sous les dehors d'une renonciation, lui paraît proprement « un échange avantageux », grâce auquel « tout homme peut disposer pleinement de ce qui lui a été laissé de ses biens et de sa liberté », quoiqu'il ait tout aliéné. Il est vrai que les termes sont ici fort équivoques ou vidés de leur sens par les déclarations antérieures. Nous lisons que « le souverain ne peut charger les sujets d'aucune chaîne inutile à la communauté », qu'il « ne peut passer les bornes des conventions générales », mais que veut-on dire? Ce n'est pas impossibilité physique, car le corps politique possède sur ses membres le même pouvoir que l'individu sur les siens. Ce n'est pas prohibition morale, puisque la morale est ici hors de jeu : le souverain étant seul juge de ses exigences, il n'y a plus que bien et mal *légal*[2], de sorte que Rousseau ne se fait plus entendre quand il propose de distinguer « les droits respectifs des citoyens et du souverain », ou qu'il écrit : « Le souverain n'est jamais en droit de charger un sujet plus qu'un autre. » Il reste que l'impossibilité soit d'ordre logique. En effet « sous la loi de raison rien ne se fait sans cause ». Or, toute entreprise de l'État qui ne concourrait pas à l'utilité générale ou qui même y contredirait formellement par une atteinte à l'égalité entre les citoyens serait, au regard du bien public pour lequel il est institué, une absurdité qu'il ne peut commettre. C'est, on le voit, l'application politique du mot de Socrate : Οὐδεὶς κακὸς ἑκών. Le souverain trouve dans la claire notion de son rôle le motif de le remplir fidèlement. Mais pourquoi la raison s'imposerait-elle plus victorieusement à la conduite dans l'État que dans l'individu? Objecte-t-on à ces légitimes défiances que Rousseau n'étudie pas des faits mais les conditions du droit? Soit, toutefois il examine aussi des contingences : lui-même vient de nous apprendre que le jugement du corps politique a souvent moins de rectitude que sa volonté; nous en concluons qu'il ne peut maintenant proposer de le lui donner pour contrôle et pour guide. Au surplus la présence du législateur n'est pas pour nous rassurer, dans le cas nullement chimérique où les motifs d'égalité et d'utilité publique auraient sur lui peu d'empire. Il faut donc une foi robuste à l'infaillibilité de la volonté générale pour ne pas craindre que les limites du pouvoir souverain ne se ramènent à brève échéance à celles de son bon plaisir. On a beau argumenter, le contrat social a tout emporté, on ne lui reprendra rien.

---

1. *Contrat social*, II, 4.

2. L'expression, très heureuse, est de M. Beaulavon (*op. cit.*, p. 49) qui semble ne pas voir de contradiction à parler plus loin d'obligation et de devoir *moral* pour le souverain (p. 156; note 2). Il croit pouvoir écrire aussi : « Le pouvoir souverain se trouve nécessairement limité par lui-même, ou plutôt par la raison » (p. 30), tout en estimant que « Rousseau a irréfutablement démontré que la souveraineté populaire est nécessairement et logiquement sans limites, de fait comme de droit, du moment seulement qu'elle existe » (p. 48).

De la collaboration du législateur et du souverain naît la loi. On peut la définir : une décision de la volonté générale sur un objet pareillement général. Le chapitre, où Rousseau développe plus spécialement cette notion[1], débute par un passage excellent sur la nécessité des lois positives pour promouvoir le respect de l'ordre inhérent à la nature des choses. Malheureusement, après cette affirmation que « toute justice vient de Dieu » et que « lui seul en est la source », l'inspiration organiciste reparaît bientôt pour disjoindre la souveraineté de la raison d'avec la souveraineté de la volonté et, tenant ainsi séparés à nouveau le moral et le social, rapporter au contrat tout pouvoir et toute autorité sur l'homme civil. S'il faut des lois, c'est « pour unir les droits aux devoirs », car « dans l'état de nature où tout est commun, je ne dois rien à ceux à qui je n'ai rien promis ». Aussi ne sont-elles « proprement que les conditions de l'association » entre les citoyens, « une convention du corps avec chacun de ses membres[2] » ; et, puisque l'origine de ce corps est toute contractuelle, « le peuple soumis aux lois doit en être l'auteur : il n'appartient qu'à ceux qui s'associent de régler les conditions de la société ». Ainsi le droit dépend d'un accord et cet accord de la collectivité, sans pour cela que la cité doive glisser vers l'anarchie ou la tyrannie : la loi participe évidemment aux attributs privilégiés de la volonté dont elle émane et ne peut être injuste « puisque nul n'est injuste envers lui-même ». Rousseau oublie seulement une fois de plus que l'État, comme le disait déjà Aristote, « forme, non une unité absolue, mais une collection d'individus spécifiquement différents[3]. » Si la personnalité du corps politique n'est qu'une métaphore approchée, la loi ne constitue en aucune façon une entreprise de soi sur soi[4].

Il reste que, par sa généralité, la volonté du souverain est abstraite et ne peut d'elle-même diriger dans la pratique les actions particulières des sujets. Au-dessous de la puissance législative, le *Contrat* établit donc avec raison la nécessité d'une puissance exécutive ou d'application, le gouvernement ou le prince. Cette distinction, aujourd'hui classique sous le nom de séparation des pouvoirs[5], était alors neuve ou à peu

1. *Contrat*, II, 6.

2. *Contrat*, II, 4. Comment peuvent-elles être en même temps une volonté imposée par une majorité et telle que quiconque refusera d'y obéir « y sera contraint par tout le corps » ? (I, 7.)

3. *Politique*, II, ch. I, § 4.

4. Le raisonnement spécieux de Rousseau en ce point n'est qu'une application au *moi* de l'État de l'adage *Volenti non fit iniuria*, d'un sens équivoque et fort discutable. Logiquement vrai, il est faux en morale, car, si personne ne pourra sans inconséquence se plaindre de l'injustice à laquelle il souscrit, « l'injure » subsiste en soi et objectivement, toutes les fois que par son consentement le sujet pose une renonciation *illicite* à son droit.

On lit encore ailleurs dans le *Contrat* : « S'il lui plaît (à un peuple) de se faire mal à lui-même, qui est-ce qui a droit de l'en empêcher ? » (II, 12.) Cette singulière doctrine étonnerait moins chez Rousseau, s'il n'avait combattu avec force le suicide dans la *Nouvelle Héloïse*.

5. Il ne faudrait pas confondre cette séparation des pouvoirs avec ce que le droit constitutionnel nomme *division du pouvoir*, ou partage des attributions souveraines en pouvoir législatif ordinaire et pouvoir constituant. En France, le premier appartient aux Chambres, le second au Congrès.

près. Quelqu'un pourtant l'avait déjà formulée, sur d'autres considérants : dans l'*Esprit des Lois*[1], Montesquieu professe que pour sauvegarder la liberté « il faut que le pouvoir arrête le pouvoir »; mais Rousseau, le comparant aux charlatans du Japon, le raille de diviser ainsi la souveraineté « en force et en volonté[2], » ce qui ne l'empêche pas de prendre ensuite à son compte la même théorie, d'y attacher une très grande importance et, dans ses vues organicistes, de l'exprimer de façon identique : le gouvernement n'est pas seulement le ministre du souverain, l'intermédiaire entre ses sujets et lui, ou la moyenne proportionnelle entre ces deux termes pris comme extrêmes, mais l'agent qui unit l'âme au corps dans l'Etat, car chez lui comme dans l'individu « toute action libre a deux causes qui concourent à la produire... la force et la volonté[3]. »

Le « prince », auquel Rousseau confère la personnalité, représente la première de ces deux causes et doit mettre sans cesse son vouloir propre en conformité avec la seconde. Malheureusement cet accord ne va pas sans quelque difficulté, car la rectitude du gouvernement ne peut croître qu'aux dépens de sa force. « Plus le magistrat est nombreux, plus la volonté de corps se rapproche de la volonté générale[4], » mais aussi plus sa faiblesse augmente par la résistance des volontés particulières des individus qui le composent. Du reste, avec une rectitude égale, la force lui est d'autant plus nécessaire que la population est plus élevée. Dans les grands États le chiffre de ses membres devrait donc être aussi restreint que possible, mais, vu qu'il se détermine comme une moyenne proportionnelle entre l'unité du souverain et la pluralité des sujets, il croît précisément à mesure que ceux-ci se multiplient. L'incompatibilité serait absolue, et fatale l'impuissance intérieure des nations les plus puissantes au dehors, si ces relations comportaient une évaluation rigoureuse; ce qui n'a pas lieu, puisqu'elles se mesurent moins par le nombre des hommes que « par la quantité d'action, laquelle se combine par des multitudes de causes[5]. »

C'est toutefois sur une base purement numérique que Rousseau fonde sa classification des gouvernements, dont il ramène l'infinie variété des formes à trois types distincts quoique « susceptibles de plus ou de

1. Livre XI, ch. vi.
2. *Contrat*, II, 2.
3. *Contrat*, III, 1 (Cf. 6e *Lettre de la montagne*). — Ni l'*Esprit des Lois*, ni le *Contrat social* n'ont fourni la véritable raison de la séparation des pouvoirs, qui est la division du travail politique. (Cf. G. Fonsegrive. *La Crise sociale*, ch. III, pp. 100 et suiv.) Toute question d'hostilité ou d'envie mise à part, Rousseau ne pouvait se prononcer pour le motif adopté par Montesquieu, puisque la pureté de la volonté chez le souverain lui ôtait toute inquiétude sur les excès de puissance redoutés par celui-ci. Par contre, en faisant la souveraineté inaliénable, il en rendait le fonctionnement plus malaisé car « on ne peut imaginer que le peuple reste incessamment assemblé pour vaquer aux affaires publiques » (III, 4) et devait tendre, plus ou moins consciemment, à simplifier sa tâche.
4. *Ibid.*, III, 2. — On voit par cette « réalisation » du gouvernement jusqu'à quel point Rousseau pratique ce qu'on pourrait appeler l'enveloppement des personnalités.
5. *Ibid.*, III, 1.

moins ». Suivant que le pouvoir exécutif, seul à considérer ici, est détenu par un magistrat unique, un groupe restreint ou la nation entière, il s'appelle monarchie, aristocratie ou démocratie. Il en résulte un étrange bouleversement des notions signifiées d'ordinaire par ces termes. Loin de contredire la souveraineté du peuple, l'aristocratie et la monarchie au sens de Rousseau se concilient aisément avec elle, et, dans la pratique, offrent moins de difficultés que la démocratie, d'un jeu fort incommode et favorable à la confusion des pouvoirs. On peut donc avancer sans inexactitude que non seulement l'aristocratie, mais « la monarchie elle-même est république », car ce mot, par son origine latine, convient à « tout Etat régi par des lois [1], » qui garantissent la prédominance de l'intérêt général. En revanche, jusque dans la démocratie, il y a des « rois », et d'autant plus nombreux qu'elle est plus stricte, si l'on entend par « rois », conformément à l'étymologie, tous les magistrats dépositaires du pouvoir exécutif. Appliquées aux puissances aujourd'hui existantes, ces notions entraînent de singulières transpositions. Les Etats-Unis, on l'a plus d'une fois signalé, seraient, dans le vocabulaire du *Contrat*, une monarchie ; les cantons suisses, une aristocratie, et l'on chercherait vainement par le monde une véritable démocratie. Rousseau d'ailleurs nous en prévient : rigoureusement parlant, cette dernière forme est impossible, car « on ne peut imaginer que le peuple reste incessamment assemblé pour vaquer aux affaires publiques », et ce n'est pas la seule difficulté. « Il semble qu'on ne saurait avoir une meilleure constitution que celle où le pouvoir exécutif est joint au législatif, mais c'est cela même qui rend ce gouvernement insuffisant à certains égards, parce que les choses qui doivent être distinguées ne le sont pas ». Aussi, bon pour des dieux incorruptibles, « un gouvernement si parfait ne convient pas à des hommes [2]. » Au reste, quoiqu'il ait, en d'autres occasions, manifesté des préférences pour l'aristocratie [3], Rousseau estime que le problème du meilleur régime, indéterminé en théorie, comporte autant de solutions « qu'il y a de combinaisons possibles dans les positions absolues et relatives des peuples [4]. » Sans doute, la forme du pouvoir exécutif se spécifie par la grandeur de l'Etat, qui entraîne celle du corps des magistrats [5], mais

1. *Contrat*, II, 6 et note. — Quand Rousseau dit au même endroit : « Tout gouvernement légitime est républicain », il n'énonce donc aucune préférence. Il lui est arrivé cependant d'employer le mot « république » au sens courant, par opposition à la monarchie. (Cf. III, 6.)

2. *Ibid.*, III, 4. — Si telles sont les « imperfections » de ce régime, comment Rousseau peut-il écrire ailleurs : « Il n'y a point d'Etat où ces deux pouvoirs soient si séparés et où l'on ait tant affecté de les confondre.... La constitution démocratique est certainement le chef-d'œuvre de l'art politique » (1re *Lettre de la Montagne*) ?

3. « Le meilleur des gouvernements est l'aristocratique ; la pire des souverainetés est l'aristocratique. » (6e *Lettre de la Montagne*.) Cf. *Lettre à M. Marcel*, juillet 1762.

4. *Contrat*, III, 9.

5. Deux principes opposés, on l'a vu, régissent cette proportion : comme moyenne géométrique, le nombre des magistrats doit être en raison directe de celui des citoyens ; tandis que son action ne peut s'exercer efficacement que s'il est calculé « en raison inverse. » (III, 3.)

ceux-ci, n'étant que les officiers du souverain, dépendent de lui de toutes façons. Maître de limiter, modifier et reprendre l'autorité qu'il leur a commise et de la transférer en d'autres mains, il lui appartient aussi d'élever ou de réduire le nombre de ceux qui l'exercent en son nom. Aucun gouvernement n'est donc définitif pour aucun pays, dans aucun temps : le jour où le peuple l'institue, « ce n'est point un engagement qu'il prend ; c'est une forme provisionnelle qu'il donne à l'administration, jusqu'à ce qu'il lui plaise d'en ordonner autrement[1]. » L'examen comparatif des degrés de force ou de rectitude que les divers régimes peuvent offrir sert donc pour éclairer la volonté générale, mais ne la contraint ni ne l'oblige point. Elle demeure maîtresse absolue, et pour mieux marquer, semble-t-il, l'infériorité du « prince. » à son égard, Rousseau, après avoir fait de celui-ci une personne, lui retire toute vie propre et méconnaît le caractère spécial de sa fonction en fixant des intermittences où il s'absorbe dans l'Etat. « A l'instant que le peuple est légitimement assemblé en corps souverain, toute juridiction du gouvernement cesse, car la puissance exécutive est suspendue[2]. » Et comme s'il fallait craindre encore la cohésion et l'esprit de suite que met dans un groupe une certaine tradition, le mandat des magistrats est électif et temporaire, en dehors de tout changement dans le pouvoir. L'idéal de Roussseau est une république où les particuliers désigneraient par le vote, « d'année en année, les plus capables de leurs concitoyens pour administrer la justice et gouverner l'Etat[3] ».

Cette dernière précaution se rattache du reste aux vues organicistes dont s'inspire le *Contrat* pour condamner les associations. Si, en effet, une nation forme, non un agrégat d'éléments indépendants et autonomes, mais un être vivant, les parties y sont subordonnées au tout et ne valent que par leur rapport avec lui. Laissez se constituer un groupement d'intérêts particuliers, aussitôt l'harmonieux équilibre de l'égalité individuelle est rompu, et l'utilité générale cesse d'être l'objectif unique de chacun. Cette personne nouvelle, interposée entre les citoyens et l'Etat, ou défigure au passage le bien de celui-ci, ou filtre et corrompt les volontés de ceux-là. Tous ces corps intermédiaires, classes, corpo-

1. *Contrat*, III, 18. — Il y a pourtant un engagement tacite pris par eux, de se soumettre au gouvernement institué, quoique Rousseau dise expressément le contraire : « Les dépositaires de la puissance exécutive ne sont point les maîtres du peuple ;... il n'est point question pour eux de contracter, mais d'obéir. » (*Ibid.*) Un pouvoir aussi subalterne n'a rien du rôle modérateur que lui attribuait Montesquieu.

2. *Ibid.*, III, 14. — « Cette proposition, écrit justement Voltaire, serait pernicieuse si elle n'était d'une fausseté et d'une absurdité évidente. » (*Idées républicaines*, XXXII.)

3. *Discours sur l'Inégalité*. — C'est chez Rousseau une maxime à peu près universelle de transformer en mission transitoire, issue du suffrage public, ce que nous avons coutume de regarder comme un métier ou une carrière. Hanté par le souvenir du *Cursus honorum* de l'antiquité romaine, il en propose l'imitation, non seulement pour les magistrats dans le pouvoir exécutif, le pouvoir judiciaire et cette institution spéciale qu'est le le Tribunat (*Contrat*, IV, 5), mais encore pour l'armée et l'enseignement, avec la pensée d'en faire comme autant de noviciats politiques, d'où l'on s'élèverait, après cette probation officielle, à des emplois « moins pénibles et plus éclatants ». (*Considérations sur le Gouvernement de la Pologne.*)

rations, jugés indispensables par Montesquieu, en rapprochant les individus composent dans l'ensemble des régions plus denses qui déplacent
le centre de gravité ou, pour parler un langage mieux approprié, deviennent, dans l'organisme de la cité, le siège d'une activité désordonnée
et, par leur tendance à un développement exclusif, y causent le malaise
et les troubles fonctionnels qu'amène dans l'organisme animal l'hyper-
trophie d'un membre ou d'un viscère. Il importe donc d'interdire aux
citoyens de s'associer et même de se réunir, afin que, chacun n'opinant
que d'après lui, la volonté générale s'exprime sans altération et qu'aucun
intérêt privé, plus ou moins élargi par le concert, ne se substitue à l'intérêt public[1].

Si les unions particulières créent ainsi une force perturbatrice dangereuse pour l'égalité et la souveraineté, celle que créent les richesses
particulières ne leur est pas moins préjudiciable. On a vu déjà comment
les biens se trouvaient englobés dans la clause de l'aliénation totale. Il
ne se pouvait pas qu'après les anathèmes jetés à la propriété par le
Discours, Rousseau négligeât ce point important de l'organisation sociale.
La thèse communiste revêt en effet dans le *Contrat* une précision redoutable. Par la cession intégrale de leurs droits, « les possesseurs étant
considérés comme dépositaires du bien public » se voient garantis
contre les injustices des autres citoyens[2], mais leur situation est d'autant plus précaire vis-à-vis du souverain. « L'État à l'égard de ses
membres est maître de tous leurs biens »; et, sans doute, ce *dominium*
a ceci de singulier qu'il ne les en dépouille pas et change à leur profit
« la jouissance en propriété »; il reste cependant que « le droit que
chaque particulier a sur son propre fonds est toujours subordonné au
droit que la communauté a sur tous[3]. » Cette subordination définit la
conduite du souverain en matière de politique économique. La loi fondamentale d'une société étant l'égalité, comme Rousseau le rappelait
aux Corses, il faudrait souhaiter que l'État, propriétaire éminent de
tous les biens, en fût aussi le propriétaire effectif et unique, pour les
dispenser à chacun suivant ses services. Mais, quoique le droit de pos-

---

1. *Contrat*, II, 3. (Cf. *Ibid.*, I, 7.)

2. Ce qu'il faut concéder à Rousseau, c'est que l'Etat ne peut s'engager à défendre
un bien privé que s'il exerce sur ce bien sa souveraineté ou du moins son protectorat,
de façon à le regarder comme soumis à ses lois et, en un certain sens, comme contenu
dans son domaine. Si l'on va plus loin et si l'on parle, avec le *Contrat*, de cession ou
d'abandon préalable au profit de la société, le champ est ouvert à la spoliation légale,
arbitraire et sans dédommagement. Vainement dira-t-on que le bien cédé, faisant retour
immédiat au possesseur, l'appropriation par l'Etat ne représente qu'un instant logique :
qui empêchera cet instant logique de devenir jamais un moment historique ?

3. *Ibid.*, II, 9. — « Le souverain peut légitimement s'emparer des biens de tous,
comme cela se fit à Sparte, du temps de Lycurgue. » (*Emile*, v.)
Rousseau voit dans les titres de rois de France ou d'Espagne pris par les monarques
dans les nations modernes une application de cette doctrine et leur oppose les appella-
tions antiques des rois des Perses ou des Lacédémoniens. Mais le contraste est sans portée, puisqu'il résulte de la préférence donnée, dans les langues anciennes, au nom du
peuple sur le nom du pays toutes les fois qu'il ne s'agissait pas d'une indication purement géographique et territoriale.

séder soit « de convention et d'institution humaine[1], » il n'est plus au pouvoir de personne de « détruire la propriété particulière ». Dès lors, la tâche incombe aux législateurs « de la renfermer dans les plus étroites bornes[2], » afin de maintenir entre les fortunes l'équilibre qui seul garantit la liberté. Si l'on veut réaliser cette « ménagerie d'hommes heureux » dont parlait d'Argenson, il faut que « nul citoyen ne soit assez opulent pour en pouvoir acheter un autre et nul assez pauvre pour être contraint de se vendre ». En face de la permanence des abus, cette répartition idéale des biens offre quelque apparence de chimère. Rousseau le confesse sans soupçonner l'erreur de l'universelle médiocrité et il se défend en exagérant, sinon le rôle, du moins l'efficacité de la loi : « C'est précisément parce que la force des choses tend toujours à détruire l'égalité, que la force de la législation doit toujours tendre à la maintenir[3]. »

Le même souci d'assurer l'unité morale de la nation et de sauvegarder sa vie personnelle impose encore aux lois d'instituer officiellement la religion des citoyens ; car, par un mécanisme inverse de celui des associations particulières et des fortunes privées qui menacent toujours de morceler le corps politique, la communauté des croyances menace de l'absorber dans le groupe plus vaste d'une Église. C'est à établir ces deux points directement apparentés à l'organicisme, utilité et caractère de la religion civile comme lien social, que vise le dernier chapitre du *Contrat*[4], où l'esprit antique et l'esprit protestant ont mis ensemble leur empreinte.

A la double lumière de la raison et des faits, Rousseau a bien vu dans toute adhésion dogmatique et dans toute pratique cultuelle un principe de ralliement, un « motif de rassemblement ». Contre Bayle il soutient que « jamais État ne fut fondé que la religion ne lui servît de base. ». Comment en effet une société serait-elle vraiment une personne, sans une pensée propre, cohérente et suivie ? Et ne demeurerait-elle pas au contraire un agrégat d'éléments disparates si les individus professaient des opinions divergentes touchant les objets dont le rap-

---

1. *Discours sur l'Inégalité*. — A cette remarque incidente, Rousseau ajoute : « Tout homme peut à son gré disposer de ce qu'il possède », joignant ainsi à une erreur sur l'origine du droit de propriété une autre erreur touchant les limites ou l'absence de limites aux droits du propriétaire.

2. *Projet de Constitution pour la Corse* (1765).

3. On s'étonnera peut-être qu'il ne soit pas ici question du « droit de premier occupant », auquel Rousseau a consacré quelque développement. C'est que, à ce qui ressort du chapitre *Du Domaine réel* (I, 9), cette première occupation constitue moins la base du droit de propriété que la marque à laquelle on reconnaît le légitime détenteur. Il faut noter cependant que le rapport de cette idée avec l'intention de maintenir les fortunes dans une égale médiocrité se manifeste dans le fait que Rousseau exige une prise de possession effective « par le travail et la culture, seul signe de propriété qui, à défaut de titres juridiques, doive être respecté d'autrui ».

4. Ce chapitre est déjà tout entier dans le livre III du manuscrit de Genève. Maint passage de l'*Emile* et de la *Nouvelle Héloïse* lui servirait de commentaire. A cause de l'importance qu'il attachait à cette question, Rousseau en a donné de nouveaux développements dans les *Lettres de la Montagne* (notamment la 1re, la 2e, la 5e et la 7e) e plusieurs lettres particulières.

port à l'autorité et au bien général est certain ? L'antiquité l'avait compris. Chaque peuple, « ayant son culte propre aussi bien que son gouvernement, ne distinguait point ses dieux de ses lois », et cette religion nationale mettait chez les chefs une constante unité de vues et chez les sujets une parfaite obéissance. L'âme païenne de Rousseau admire cette fusion du temporel et du spirituel comme la formule idéale des cités bien policées. Malheureusement à son gré, le christianisme vint qui, « séparant le système théologique du système politique..., posa la cause d'un perpétuel conflit de juridiction ». La loi chrétienne est donc « au fond plus nuisible qu'utile à la forte constitution de l'État [1] ». Cela est plus vrai encore du catholicisme romain, qui donne aux hommes deux législations et deux patries, d'où résulte une sorte de droit mixte et insociable qui n'a point de nom [2], car « s'il y a un chef national et un autre chef étranger, il est impossible que l'un et l'autre soient bien obéis et que l'État soit bien gouverné [3] ». Ce qui heurte l'organicisme de Rousseau, c'est donc de voir, à côté du souverain et hors de ses prises, une autre autorité armée du pouvoir de lier et de délier. Aussi, quoiqu'il importe à une nation de n'être pas sans religion, vaudrait-il encore mieux, selon lui, « n'en pas avoir que d'en avoir une barbare et persécutante qui, tyrannisant les lois mêmes, contrarierait les devoirs du citoyen [4] ».

En fait, l'esprit du christianisme ayant tout gagné, il est impossible de revenir au système ancien en ramenant tout, d'après les vues de Hobbes, à l'unité politique.

Pour faire entrer harmonieusement les institutions religieuses dans

---

1. *Contrat*, IV, 8. — En relevant le préjugé qui infirme ici les jugements de Rousseau, il importe toutefois de ne pas se méprendre sur ses intentions, qui ne vont point à nier la supériorité essentielle du christianisme comme source d'enseignement dogmatique et d'universelle charité.

« Il [ne faut pas commencer par décider que ces deux choses (vérité spéculative et efficacité temporelle) vont toujours ensemble et que la religion la plus vraie est aussi la plus sociale. » (*Lettre à M. de Beaumont.*) — « La grande société, la société humaine en général, est fondée sur l'humanité, sur la bienveillance universelle. J'ai toujours dit que le christianisme est favorable à celle-là. Mais les sociétés particulières, les sociétés politiques et civiles ont un tout autre principe. Ce sont des établissements purement humains, dont par conséquent le christianisme nous détache comme de tout ce qui n'est que terrestre. » (*Lettre à M. Usteri*, 15 juillet 1763.)

2. Toute une partie du chapitre *De la Religion civile*, que Voltaire qualifie de « pages insipides... centons de Bayle » (*Lettre à Damilaville*, 25 juin 1762), est destinée à montrer le caractère antipolitique du catholicisme. Il a fallu à l'auteur toute la vivacité de la passion protestante pour lui dicter un jugement aussi erroné sur cette religion qu'il déclare bonne pour l'homme et mauvaise pour le citoyen.

Au fond, le reproche que Rousseau faisait au catholicisme, c'était d'être catholique, en ce qu'il s'adresse à tous les hommes et à tout l'homme. Dépassant les frontières des nations, il détache les sujets du souverain et ruine l'esprit social, tandis que par sa prétention d'être *une vie* et de diriger l'ensemble de nos démarches, il engendre « les sophismes de ceux qui mêlent la religion à tout. » (*1re Lettre de la Montagne.*) C'est affaire aux passions humaines et aux mobiles naturels de conduire les entreprises terrestres, au lieu que le christianisme bien entendu s'occupe « uniquement des choses du ciel. » (*Contrat*, IV, 8)

3. *Discours sur l'Inégalité.*

4. *1re Lettre de la Montagne.*

la structure sociale, il faut accepter la distinction classique du dogme
et de la morale, et même importe-t-il de diviser « les dogmes encore
en deux parties : celle qui pose les principes de nos devoirs et celle
qui ne contient que des dogmes spéculatifs ». Ici l'erreur, restreinte à
l'intelligence, ne nuit qu'aux intérêts spirituels de l'individu ; mais là,
s'étendant à l'action, elle porte atteinte aux intérêts temporels de la
société [1]. Pour toute cette partie qui régit la conduite, il appartient au
gouvernement d'en connaître. En revanche, « le droit que le pacte
social donne au souverain ne passe point les bornes de l'utilité publique. Les sujets ne doivent donc compte au souverain de leurs opinions qu'autant que ces opinions importent à la communauté [2] ». Ainsi
se trouvent réservés, ici encore, les droits de la conscience et délimitée
l'action respective de l'Église et de l'État sur les citoyens en matière
religieuse. Mais l'État, on le devine, reçoit la part du lion. Au nom de
sa souveraineté, il imposera un credo politico-théologique ou, pour
parler plus exactement, il définira le fonds commun doctrinal sur lequel
les sujets seront tenus de vivre sans pouvoir rien en contester en théorie, ni rejeter dans la pratique. Incompétent en matière de dogme, il
prononcera infailliblement sur les mœurs, en s'interdisant d'empiéter
sur la conscience individuelle. Mais comme il la veut ignorer, derrière
elle c'est l'autorité spirituelle qu'il atteint et paralyse. La subordination
de l'Église à l'État, de la religion à la politique, telle est donc la
maxime césarienne qui découle de ce libéralisme.

Quels sont cependant les articles de cette « profession de foi purement
civile », que le citoyen devra recevoir comme « sentiments de sociabilité » ? Il y en a de deux sortes : les uns positifs, Dieu et sa providence,
la vie future et ses sanctions, le pacte fondamental et sa sainteté ; les
autres négatifs, opposés aux principes séditieux et résumés dans l'idée
de tolérance. L'intolérance civile est aussi détestable chez le souverain
que l'intolérance théologique. Si l'État n'a point charge d'âmes et si les
religions nationales exclusives sont désormais impossibles, tout ce que
les lois et les tribunaux entreprennent, hors de leur mission, pour ven-
ger la divinité et défendre les dogmes n'est que sacrilège et brigan-
dage [3]. De la part des citoyens la faute serait égale. Il n'est pas plus
permis aux sujets qu'aux chefs de prononcer l'ostracisme : « Hors de
l'Église, point de salut [4] », et quiconque oserait jusque-là manquer de

---

1. *Contrat*, IV, 8. — « Je vois deux manières d'examiner et comparer les religions
diverses : l'une selon le vrai et le faux qui s'y trouvent... l'autre, selon leurs effets temporels et moraux sur la terre, selon le bien et le mal qu'elles peuvent faire à la société
et au genre humain ». (*Lettre à M. de Beaumont*.)

2. *Ibid.*, IV, 8. — « Quand un homme sert bien l'État, il ne doit compte à personne
de la manière dont il sert son Dieu. » (*Lettre à Voltaire*, 18 août 1756.) On sait que
par cette lettre Rousseau proposait à son correspondant de rédiger cette *Déclaration
des devoirs* de l'homme et du citoyen, en l'embellissant de sa poésie.

3. Cf. 2º et 5º *Lettres de la Montagne*.

4. C'est encore contre le catholicisme que Rousseau dirige ce trait, inspiré par le
plus pur esprit de la réforme. En matière de doctrine, « chacun demeure seul juge pour
lui-même, et ne reconnaît d'autre autorité que la sienne... La raison particulière pro-

tolérance, s'en montrerait lui-même indigne : il faudrait le bannir de sa patrie. A l'égard des articles positifs les sanctions sont plus rigoureuses encore contre les dissidents. L'homme que son impiété rend insociable mérite l'exil, mais la mort seule peut punir celui dont les actes contredisent l'adhésion extérieure au formulaire officiel : « il a commis le plus grand des crimes, il a menti devant les lois[1] ». Sur une distinction d'espèces juridiques, jamais le bras séculier, au service d'une plus redoutable inquisition, n'aura frappé tant d'hérétiques.

*
* *

On ne peut guère se flatter, même dans une étude critique de quelque étendue, d'avoir épuisé son sujet. Aussi resterait-il à signaler, dans le détail du *Contrat*, bien des aperçus dignes de remarque, où la vérité, quand elle s'y rencontre, va rarement sans mélange d'erreur. Il suffit au but de cet article, où l'on s'est proposé de « faire court », qu'il mette en relief le dessin d'ensemble de l'ouvrage et en expose les thèses capitales avec leur enchaînement et les restrictions ou les réfutations qu'elles appellent. Ce dernier point n'est pas exempt de dangers, car, avec toute l'impartialité et la modération qu'on y emploie, on risque de donner ombrage à certains apologistes dont le zèle se porte parfois aux susceptibilités du Rousseau des dernières années. L'auteur d'une fort bonne édition du *Contrat* termine son *Introduction* par une demi-page peu aimable pour les critiques, « gâcheurs d'encre » dont « la gent bourdonnante et venimeuse s'attaque à tout sans raison, sans mesure[2]. » Voilà où mène une admiration trop déclarée pour l'homme qui écrivait un jour : « Quiconque ne se passionne pas pour moi est indigne de moi... Quiconque ne m'aime pas à cause de mes livres est un fripon[3]. » Ces deux lignes ne sont pourtant pas un testament qu'il faille exécuter à la lettre !

Au reste, comme il convient, c'est beaucoup moins aux critiques qu'à l'auteur que nous nous sommes adressé, lui prenant à lui-même ses propres commentaires et le suivant presque pas à pas. La structure du *Contrat* s'appuie sur un plan assez rationnellement établi pour qu'on puisse sans discontinuité en examiner tout l'essentiel. Le manque de logique est ailleurs, nous l'avons vu, dans un bon nombre de contradictions secondaires, mais surtout dans ce transfert de la personnalité d'un être réel à un être fictif, où réside le vice originel de l'ouvrage. Le

---

nonce... ». D'ailleurs « la religion protestante est tolérante par principe, elle est tolérante essentiellement ; elle l'est autant qu'il est possible de l'être, puisque le seul dogme qu'elle ne tolère pas est celui de l'intolérance ». (2e *Lettre de la Montagne*).

1. *Contrat*, IV, 8. (Cf. *Ibid*. II, 5.)

2. Edition Dreyfus-Brisac, p. xxxiii. — La modeste édition de la *Bibliothèque Nationale* à vingt-cinq centimes s'indigne également de voir « ces commentateurs qui, d'un ton rogue, font la leçon aux grands hommes ».

3. Lettre à Mme de Latour-Franqueville (28 septembre 1762), citée par M. J. Lemaître (*do. cit.*, p. 318).

dogme fondamental de ce catéchisme politique, affirme-t-on parfois,
est la souveraineté du peuple ; il serait plus exact de dire la souveraineté de l'État, au sens le plus mythique du mot. A qui ne pèse pas strictement les termes, on ferait accepter sans peine cette série d'identités
équivoques : individus=peuple=nation=État. Rousseau, qui ne montre
pas plus de scrupule, y trouve son compte et, sous une argumentation
apparemment rigoureuse, passe d'un extrême à l'autre, de l'individualisme radical à l'étatisme outré, et l'opération ne laisse guère de traces.
Ou plutôt elle entraîne les plus désastreuses conséquences, à la faveur
du double sophisme de l'égalité condition de la liberté et base de l'ordre social [1], et de la légalité source de la justice.

C'est une question fort délicate — pour le moins autant que celle de
ses origines — de déterminer la mesure d'influence que le *Contrat* a
exercée sur la Révolution française par l'entremise des « idéologues » et
des orateurs. Il est d'autre part incontestable que Rousseau, s'il bâtit
dans l'idéal, garde assez le sens du réel, sinon pour renoncer à ses
théories ou les réformer, du moins pour en prévoir l'insuffisance ou
l'inefficacité devant les difficultés pratiques [2]. Quelles qu'aient été toutefois ses intentions et sa part d'action, on a beau vanter le libéralisme
de ses doctrines, nous pouvons au contraire en affirmer le caractère
subversif. Le jour où le *Contrat* recevrait une application intégrale et
produirait son plein effet, on serait en droit de s'écrier : « L'État, voilà
l'ennemi ! » car le système politique dont il établit la formule est vraiment l'ennemi de l'homme, si l'individu et la société ont un intérêt égal
au maintien de l'ordre naturel et surnaturel tous deux violés. La raison
montre dans l'être humain une personnalité autonome dont la fin coïncide avec son bien suprême ; le *Contrat* lui impose l'aliénation de tout
lui-même et son absorption dans le corps social. La raison nomme justice le respect de l'ordre et, par une nécessaire corrélation avec le
devoir, met le droit hors de l'action des volontés faillibles et changean-
tes ; le *Contrat* altère ces notions et ramène la justice et le droit à la
légalité. Le plan providentiel suppose entre les hommes des inégalités
multiples qui lui font sentir plus vivement leur mutuelle dépendance ;
le *Contrat* égalise tout ce qu'il peut atteindre, jusqu'aux conditions de
fortune. Les lois de la vie, les affections prépondérantes et les ressorts
mêmes de l'activité individuelle désignent la famille comme l'élément
social primitif et fondamental ; le *Contrat* lui jette en passant un mot
ironique [3] et, comme s'il la supprimait, dispose des personnes et des choses en dehors d'elle. Il n'importe que le christianisme lui ait donné sa

---

1. Observons que cette égalité est contraire à l'esprit de l'organicisme pour qui la
structure sociale est hiérarchisée.

2. A diverses reprises, notamment dans le *Contrat*, dans l'*Émile* et les *Considérations
sur le gouvernement de la Pologne*, il signale la supériorité politique des petits peuples
sur les grands et la presque impossibilité pour ceux-ci d'exercer leur souveraineté, de
se gouverner démocratiquement et de prospérer dans la liberté.

3. I, 2. — Cette négation de la famille par parti pris de l'ignorer est peut-être
l'erreur de Rousseau qu'on a le moins signalée.

constitution définitive et garanti sa durée par la vertu d'un sacrement, le mariage reste d'essence laïque et relève des lois. Toute cette religion d'ailleurs que Dieu est venu fonder dans la doctrine et le sacrifice, en séparant le temporel et le spirituel s'est mise en infériorité vis-à-vis des cultes païens. Malgré la sublimité de son dogme et la pureté de sa morale, comme elle n'aspire qu'aux cieux elle détourne ses adeptes du bien social et des patries terrestres. Aussi, loin que Rousseau lui reconnaisse dans l'établissement civil aucune primauté et lui attribue quelque part d'action, il la tient pour suspecte et nuisible au pouvoir. L'intérêt du souverain est donc de se la subordonner, de l'exclure de la vie publique et de la confiner dans les consciences individuelles avec défense d'en sortir. Et cela revient à la nier, car, dans les conflits inévitables entre le chrétien et le citoyen, celui-ci doit toujours primer : il faut obéir aux lois avant que d'obéir à Dieu. On veut qu'il y ait du libéralisme dans le *Contrat*. Admettons-le. Mais ce libéralisme, que nous venons de voir, ne vise qu'à mettre l'homme hors de la dépendance de Dieu au profit du despotisme qui le met tout entier sous la dépendance de l'État.

M. Baelen.

9 782019 238087